COLONEL SAINTE-CHAPELLE

La Conquête du Maroc

(MAI 1911-MARS 1913)

Avec deux cartes

LIBRAIRIE MILITAIRE BERGER-LEVRAULT

PARIS
Rue des Beaux-Arts, 5-7

NANCY
Rue des Glacis, 18

1913

LA

CONQUÊTE DU MAROC

(MAI 1911-MARS 1913)

DU MÊME AUTEUR :

La Campagne du Maroc et les enseignements de la guerre d'Afrique. 1908. Un volume grand in-8, broché . . . . . . **2** fr. **50**

(Berger-Levrault, éditeurs.)

COLONEL SAINTE-CHAPELLE

La Conquête du Maroc

(MAI 1911-MARS 1913)

Avec deux cartes

LIBRAIRIE MILITAIRE BERGER-LEVRAULT

PARIS — Rue des Beaux-Arts, 5-7

NANCY — Rue des Glacis, 18

1913

Extrait de la *Revue de Cavalerie.*
Berger-Levrault, éditeurs).

INTRODUCTION

La réunion d'articles publiés périodiquement par la *Revue de Cavalerie* de juin 1911 à février 1913, au sujet du Maroc, ne saurait prétendre à la coordination d'une œuvre écrite et revue à loisir. Mais on y peut retrouver l'intérêt et l'animation des controverses quotidiennes provoquées par les soucis de la politique intérieure et extérieure : double sujétion qui a influé sur les décisions du Gouvernement, au point de retarder l'action militaire.

Plus préjudiciable encore à l'établissement du protectorat français fut le préjugé parlementaire, passé à l'état de dogme, qui subordonnait le commandement militaire à l'autorité civile, avant même que nous eussions, par la force des armes, imposé la soumission aux tribus révoltées contre le gouvernement chérifien. Telle était l'intransigeance au sujet de la suprématie du pouvoir civil que, malgré ma conviction bien arrêtée (1), je n'osais, en mars 1912, signaler l'urgence d'une concentration de l'autorité en une seule main : celle du commandant militaire. Il fallut qu'une sanglante *leçon de choses* nous fût donnée, le 17 avril, par la révolte des troupes chérifiennes à Fez, pour dissiper l'illusion. Cette leçon nous a coûté cher, mais elle n'a pas été perdue : le président du Conseil, M. Poincaré, aujourd'hui Président de la République, confiait le 27 avril au général Lyautey tous les pouvoirs. On sait quels progrès ont été réalisés depuis au Maroc.

Mais si l'établissement du protectorat de la France y a été longtemps retardé par la politique, nous pouvons être fiers de l'entrain, de la vaillance et de l'endurance dont nos soldats ont fait preuve depuis 1907. Leurs qualités militaires méritent d'au-

(1) Je l'ai exprimée en 1908 dans mon étude : *La Campagne du Maroc et les enseignements de la guerre d'Afrique,* p. 99 (Berger-Levrault, éditeurs).

tant plus d'être signalées, que nos troupes du corps d'occupation sont d'essence et d'origine très différentes : les unes recrutées de soldats de métier (tirailleurs algériens et sénégalais, légionnaires, coloniaux et spahis); les autres (zouaves, chasseurs alpins, chasseurs d'Afrique, artilleurs, sapeurs du génie, soldats du train et des divers services) (1) fournies par le contingent national soumis au service obligatoire de deux ans en vertu de la loi du 21 mars 1905. Ces derniers se sont montrés aussi aptes au combat que résistants à la fatigue et disciplinés. Ils ont fait preuve d'une solidité qui égale celle des soldats de carrière, et sont infiniment mieux préparés à la guerre d'Afrique que ne l'étaient leurs devanciers débarqués à Sidi-Ferruch, le 13 juin 1830, qui cependant restaient *huit ans* (2) sous les drapeaux et comptaient dans leurs rangs de nombreux remplaçants et rengagés (3). Cette indéniable supériorité du soldat moderne issu du service obligatoire est due aux méthodes d'éducation et d'instruction militaires aujourd'hui en vigueur dans l'armée nationale, et à la valeur intellectuelle et morale des officiers du temps présent qui, par la plus haute qualité de leur enseignement, suppléent à la moindre durée du service actif. L'œuvre militaire poursuivie au Maroc a mis en lumière les admirables et multiples aptitudes que la guerre d'Afrique a développées à tous les échelons du commandement : énergie morale et physique, initiative, décision, camaraderie de combat, trop généralement ignorées ou méconnues en raison du théâtre éloigné où elles se donnent carrière. Honneur aux bons ouvriers qui travaillent *pour la plus grande France !*

Aux impatients qui s'étonnent de ne pas voir le Maroc déjà pacifié, il est facile de répondre que les tribus *maghzen*, les seules qui reconnaissent l'autorité du Sultan et paient l'impôt, sont

(1) Au 1er mars 1913, la France entretient au Maroc un effectif de 62.643 soldats, dont 31.455 de race française et 30.698 indigènes de races africaines (Arabes et Sénégalais).

(2) Loi de recrutement du 9 juin 1824.

(3) Voir *La Campagne du Maroc et les enseignements de la guerre d'Afrique*, chapitre II : « Panique de la colonne du général Berthezène à la retraite de Medeah, 2 juillet 1831; désastre de la colonne du général Trézel à La Macta, 28 juin 1835; retraite de Constantine, novembre 1836, etc. Après le combat de Sidi-Ibrahim, 25 septembre 1845, Abd el Kader traînait à sa suite 5 officiers et 310 soldats français prisonniers, qu'il fit massacrer le 25 novembre 1846, ne pouvant plus les nourrir. »

aujourd'hui rentrées dans le devoir. Mais elles occupent à peine le tiers de la superficie de l'empire chérifien. Les tribus *siba*, qui ont toujours été irréductibles, viendront à nous, de proche en proche, en faisant « tache d'huile », quand elles auront reconnu que nous leur apportons l'ordre et la justice, plus profitables que l'anarchie. C'est une œuvre de longue haleine, mais elle sera plus féconde que la dévastation. La conquête de l'Algérie qui, poursuivie pendant de longues années avec des effectifs de 100.000 hommes, assujettis, sous un climat dévorant, à d'accablants travaux, nous a coûté tant de soldats, comporte des enseignements dont nous saurons profiter pour l'honneur de la France en civilisant le Maroc.

Colonel SAINTE-CHAPELLE.

LA

CONQUÊTE DU MAROC

(MAI 1911-MARS 1913)

CAUSES DE LA MARCHE SUR FEZ

(MAI 1911)

Le 21 mai 1911, à midi 30, le général Moinier, arrivé sous les murs de Fez sans coup férir, télégraphiait au Gouvernement : « Les colonies européennes sont sauves. »

Pour la première fois, Fez l'*inviolée* était occupée par une troupe européenne venue pour y faire régner l'ordre et la sécurité, et pour relever le trône chancelant de Moulaï-Hafid bloqué depuis trois mois par ses sujets révoltés.

Cet événement unique dans l'histoire des Musulmans barbaresques démontre l'erreur des timorés qui brandissent l'*épouvantail* marocain, prêchent la crainte de la guerre sainte, redoutent la xénophobie et prophétisent les pires catastrophes, si la France ne se retire pas en toute hâte du *guêpier*, etc.

Fait sans précédent, pour la première fois nos soldats n'ont pas pris les armes pour accomplir une œuvre de conquête. Ainsi le veut la fidélité que la France apporte à tenir ses engagements.

Nos soldats sont arrivés à Fez le 21 mai. Il était temps! L'angoisse que nous causait l'incertitude des événements qui menaçaient la capitale aurait été autrement poignante si nous avions connu sa situation réelle. La face orientale de Fez était dépourvue de moyens de défense, et les tribus soulevées projetaient un assaut général pour la journée du 21 mai. Le lieutenant-colonel Mangin tirait, le matin même, contre les Cherarda, ses derniers obus, projectiles réformés dont un sur deux n'éclatait pas. Beaucoup de soldats marocains, impayés, désertaient, et les contingents, soi-disant fidèles au maghzen, vendaient aux insurgés leurs armes et leurs munitions.

Est-ce à dire que nous avons ramené l'ordre au Maroc en occupant sa capitale ? Notre action militaire est loin d'être terminée, tant s'en faut ! Nous avons à organiser le Maroc. Ce sera la tâche de demain, car il nous faut, aujourd'hui, réprimer l'anarchie et comprimer les révoltés, avant de constituer un pouvoir central qui n'a jamais existé et auquel il nous faut assurer, préalablement, les moyens nécessaires à son existence. Ce ne sera pas l'œuvre d'un jour.

Si la supériorité de notre discipline et de notre armement permet à nos généraux de briser toute résistance, il leur faut garder un réseau de lignes d'étapes qui ne fera que s'étendre au fur et à mesure du rayonnement de nos colonnes pour infliger aux révoltés le châtiment qu'ils ont mérité. La protection de nos voies de communication exigera beaucoup de monde, car nos convois y sont constamment attaqués par surprise, et c'est à cette *guerilla* que nous devons les seules pertes que nous ayons subies.

***

Les troubles qui ont obligé la France à porter à 30.000 hommes le corps d'occupation de la Chaouïa et à constituer une division active de 12.000 hommes sur la frontière oranaise, ont été motivés par l'incident suivant : le 14 janvier 1911, le capitaine Nancy, du service des affaires indigènes, renommé pour sa droiture chez les indigènes de la Chaouïa, était appelé à 25 kilomètres de son poste, par le marabout de Merchouch, pour servir d'arbitre entre une tribu berbère soumise et une fraction des Zaer. Les propriétés des Chaouïa nos protégés et des Zaer leurs voisins sont inextricablement enchevêtrées sur les marches de notre zone d'occupation. D'où d'assez fréquentes contestations de terrains entre tribus limitrophes. Le capitaine Nancy, accompagné d'une escorte de vingt-cinq goumiers sous les ordres du lieutenant Marchand du 3e chasseurs d'Afrique, et du maréchal des logis de spahis Hivert, se rendit à l'invitation du marabout qui lui offrait l'hospitalité, à sa kasba de Merchouch. La marche, retardée par la tombée de la neige et par le terrain accidenté couvert d'une brousse épaisse, avait conduit le détachement à 6 kilomètres de la kasba. On était à la fin de la journée; pour arriver avant la nuit, le guide, fourni par le marabout de Merchouch, indiqua un raccourci qui traversait une région douteuse. On le suivit. Mais, au premier douar rencontré, on trouva des Zaer en armes et dans une attitude provocante. Le capitaine expliqua sa mission pacifique et offrit, selon l'usage, de payer le droit de passage, la *Zettata*. Ayant éprouvé un refus, il fit demi-tour, avec le détachement, pour regagner l'ancienne piste. A la tombée de la nuit, une fusillade nourrie enveloppe le goum à courte distance, au passage d'un défilé : le lieutenant Marchand (1), le maréchal des logis Hivert et six goumiers tombent morts, dix sont blessés; il reste au capitaine dix cavaliers valides. Les agresseurs avaient disparu, mais on avait reconnu à leur tête les deux frères du marabout de Merchouch. Celui-ci accourait bientôt, éploré, protestant de sa bonne foi, reniant ses frères et s'offrant à guider nos représailles. Les douars voisins accueillirent nos goumiers.

Or, les Arabes, comme tous les primitifs, ne connaissent qu'une loi, celle du talion, vieille comme le monde. Tout meurtre doit être puni d'après le précepte : *œil pour œil, dent pour dent*. Si le coupable échappe aux poursuites, à son défaut la famille, ou la tribu, restent responsables et doivent payer le *prix du sang*. Quiconque ne venge pas ses morts est réputé couard, indigne et disqualifié.

Le général Moinier avait représenté au Gouvernement que le guet-apens du 14 janvier exigeait une prompte et énergique répression. Il en avait exposé l'urgence et la méthode. Mais les

---

(1) Le lieutenant Marchand, ancien enfant de troupe, élève de l'École d'Autun, a débuté sous mes ordres au 3e chasseurs d'Afrique, à sa sortie de Saumur comme sous-lieutenant. Officier remarquablement doué, plein d'entrain, passionné pour son métier, aussi sérieux que modeste, il était arrivé au Maroc avec son escadron en janvier 1908 et ne l'a plus quitté. Passé au goum de la Chaouïa en 1910, il venait d'être inscrit au tableau pour le grade de capitaine et avait reçu la croix de la Légion d'honneur par décret du 29 décembre. Il a été tué avant d'avoir connu son inscription au tableau et c'est dans son cercueil qu'il a été reconnu chevalier de la Légion d'honneur. Il avait été cité « pour sa brillante conduite au combat du 1er mars 1910 ». Né en 1878, engagé en 1896, il avait trente-deux ans, quatorze ans de services, 8 campagnes, 1 citation.

Zaer, dissidents, auteurs de l'attentat, avaient certainement cherché asile au delà de la frontière indécise de la Chaouïa; il était à prévoir que les troupes chargées de punir les coupables auraient à la franchir pour accomplir cette opération de police.

Après d'inexcusables tergiversations, l'ordre allait être donné quand le ministère Briand démissionna. Le nouveau Cabinet, placé devant le problème marocain, hésita. Une note officieuse annonça même qu'il renonçait à toute répression. Puis, pour calmer l'émotion dont la presse entière se fit l'écho, M. Monis démentit ce propos et promit d'intervenir. Le *15 mars 1911*, une communication du Gouvernement annonçait que *Moulaï-Hafid était chargé de punir les coupables*, et qu'il acceptait cette mission... *dans un délai indéterminé!* En même temps, le président du Conseil dans un commentaire officieux, affirmait *que nos troupes ne sortiraient pas des limites de la Chaouïa.*

Les Zaer profitaient de ces deux mois d'impunité pour mettre leurs biens à l'abri et pour se munir d'armes, de munitions et de chevaux.

C'est ainsi que pour avoir refusé au général Moinier l'autorisation de poursuivre une opération de simple police, le gouvernement a été amené à mobiliser et à transporter au Maroc l'effectif d'un corps d'armée!

Les événements allaient suivre leur cours naturel : l'esprit simpliste des Berbères leur persuade que si nous renonçons à venger nos morts, c'est que nous avons peur; ils en concluent à notre impuissance. Sachant, mieux que nous, quelle fiction diplomatique représente l'empire chérifien, décor planté face à l'Europe crédule et complaisante, ils connaissent l'impuissance du maghzen, dépourvu de tout moyen d'action contre eux.

Comme il est de règle en pays arabe, dès qu'une attaque est laissée sans répression, l'effervescence s'étend de proche en proche. Aussi, dès les premiers jours de mars, les Zaer et leurs voisins les Zemmour venaient insulter nos postes de la Chaouïa (1)

(1) La Chaouïa dont le territoire figure un vaste demi-cercle appuyé à l'Océan, sur une longueur de 300 kilomètres, est peuplée d'environ 300.000 habitants. Cette surface et la frontière sont gardées par 5.000 hommes et 1.200 goumiers. La garnison de Casablanca absorbe 1.200 hommes.

et enlever des chevaux et du bétail aux environs du fort Gourgens, du camp du Boucheron et du poste de Bou-Znika. Bientôt, au sud et à l'ouest de Fez, les Beni-Mgild, les Zemmour, les Guerouan s'en prenaient à Moulaï-Hafid et se révoltaient ainsi que les tribus de la plaine, Beni-Hassen, Cherarda, etc.

L'effectif des troupes marocaines, organisées par la mission militaire française que dirige le commandant Mangin (aujourd'hui lieutenant-colonel), s'élevait à 2.830 hommes. Le Sultan envoya deux mehallas d'environ 1.500 askaris, l'une au nord-ouest sous les ordres du commandant Brémond, l'autre contre les tribus soulevées au sud de Fez. Celle-ci fut battue et repoussée dans la capitale le 26 mars. Le commandant Brémond, au contraire, chassa les Cherarda au delà du djebel Tselfat, et resta sur place pour maintenir les tribus environnantes dans la soumission.

Interpellé au Sénat, le 31 mars, M. Cruppi, ministre des Affaires étrangères, répondant à M. de Lamarzelle, affirma « que le Gouvernement avait fait un acte de sagesse en interdisant au général Moinier de se lancer dans une opération contre les Zaer, mais que l'attentat du 14 janvier ne resterait pas impuni, le maghzen étant chargé de la répression ». Ces deux affirmations, difficiles à concilier, ne font pas honneur à la perspicacité du ministre. Moulaï-Hafid se débattait alors, à Fez même, au milieu d'insurmontables difficultés. Il n'avait pas trop de toutes ses troupes pour mater les tribus révoltées par suite des exigences des caïds et des abus d'autorité des hauts personnages de la cour chérifienne. Ses mehallas, envoyées au combat malgré les avis contraires des instructeurs français, devaient à peine suffire à défendre Fez; comment, dans de telles conditions, le Sultan aurait-il pu tenter de venger les attentats commis contre le corps d'occupation français de la Chaouïa?

La mehalla du commandant Brémond, seule troupe sur laquelle on pouvait compter grâce à l'énergie de son chef et au prestige dont il jouissait auprès des indigènes, bien que victorieuse, se trouvait immobilisée par les pluies qui avaient transformé le terrain en marais au détriment de la santé des hommes et des chevaux : elle était virtuellement coupée de Fez.

Dans ces conditions, Moulaï-Hafid, faute de pouvoir agir par les armes, chercha à gagner les Hiaïna et les Beni-Ouarain par des émissaires chargés de présents destinés à entretenir leur fidélité. Ils acceptèrent les présents et passèrent à l'insurrection. Loin de pouvoir compter sur le Sultan pour châtier les assassins de Marchand, c'était à Moulaï-Hafid lui-même que nous devions porter une aide autrement onéreuse que n'eût été la répression immédiate de l'attentat, au lendemain de sa perpétration, comme l'avait demandé le général Moinier. L'abstention du Gouvernement français, connue dans tout le Maroc avec cette rapidité de transmission qui caractérise les pays musulmans, provoquait le soulèvement des tribus.

Le 20 avril, le consul de France à Fez faisait connaître que cette ville était bloquée et menacée de manquer de vivres et de munitions. Il demandait que la harka de la Chaouïa se rendît à Rabat et ensuite dans le Gharb pour y rallier les contingents fournis par les Doukkala et les Beni-Meskin. Le Gouvernement prescrivait alors au général Moinier de prêter son concours à la réalisation rapide de ce désir (il avait, dès le 17 avril, donné l'ordre d'embarquer à Marseille, pour Casablanca, deux bataillons d'infanterie coloniale).

En même temps, apprenant l'entrée en scène, près de Fez, des Beni-Ouarain (1), tribu qui se trouve en contact avec nous sur la Moulouïa, le général Toutée, commandant la division d'Oran, était autorisé à renforcer nos postes de la frontière oranaise.

Le 21 avril, nous apprenions que la mehalla Brémond, malgré la défaite infligée aux Cherarda le 12, restait immobilisée à 35 kilomètres de Fez, les soldats couchant dans la boue. M. Boisset (2), agent consulaire de France à El Ksar, avait pu la rejoindre et lui porter les fonds nécessaires pour assurer la solde jusqu'au 25 avril. Mais le convoi de munitions et de vivres réuni par M. Boisset n'avait pu quitter El Ksar, faute d'une escorte suffisante pour traverser la région dont les habitants préparaient de

(1) Quelques centaines de Beni-Ouarain, gagnées par les présents du maghzen, étaient venues à Fez lui offrir leurs services; après avoir reçu des armes, des munitions, des tentes, etc., ces auxiliaires passèrent à l'insurrection avec armes et bagages.

(2) M. Boisset a reçu la croix de la Légion d'honneur pour avoir rempli cette périlleuse mission avec autant d'énergie que d'habileté.

nouvelles attaques. Enfin, le 3 mai, le Gouvernement faisait connaître que la colonne Brémond était rentrée à Fez le 26 avril. Son retour n'avait été qu'un combat ininterrompu de quatre jours, toutes les tribus riveraines du Sébou l'ayant attaquée avec acharnement sans pouvoir l'entamer. Elle n'avait perdu que 30 hommes, mais arrivait à Fez épuisée, n'ayant presque plus de munitions; il fallut accorder aux askaris trois jours de repos, pour leur faire reprendre des forces, avant de les utiliser de nouveau.

A Fez même, la situation restait critique, la partie la plus turbulente de la population était de cœur avec les rebelles et le maghzen manquait d'argent pour solder la troupe.

***

Les légitimes inquiétudes du pays, dans l'attente du retour de Brémond à Fez, avaient déterminé le gouvernement à prendre des mesures qu'il fit connaître le 5 mai :

« Dès le 23 avril, le ministre de la guerre donnait l'ordre à la colonne de secours formée à Casablanca de se diriger rapidement sur *Dar-Dzari, au pied du massif montagneux qui domine les environs de Fez.* Ces ordres, qui sont maintenus, permettront à la colonne de secours de se mettre en liaison avec nos instructeurs et les forces chérifiennes et de pourvoir au ravitaillement de la ville. D'après les nouvelles datées du 29, Fez reste bloquée, les vivres y sont rares, et les tribus n'ont pas fait leur soumission.

« D'autre part, le général Toutée fait connaître qu'il est arrivé sans aucun incident à Debdou. Le haut commissaire poursuit l'exécution des instructions qu'il a précédemment reçues, et *qui ne comportent point le passage de la Moulouïa.* »

Ainsi, dès les premiers jours de mai, nous avions à pied-d'œuvre deux groupes s'accroissant journellement de nouvelles unités : 1° celui de la Chaouïa à l'ouest, aux ordres du général Moinier; 2° celui de l'est dans la région d'Oudjda. Le communiqué ministériel précité a produit une légitime stupeur dans l'armée, car le texte officiel contient, au point de vue militaire, deux erreurs de principe capitales : une pour chaque groupe :

1° Au groupe Moinier, on impose l'obligation de s'arrêter à

Dar-Dzari, à 90 kilomètres de Fez, au pied d'un massif montagneux et boisé, à l'orée d'un défilé, au seuil d'une région révoltée. A cette distance, et séparé de Fez par ce massif, comment la colonne de secours pourra-t-elle ravitailler la ville? Elle « se mettra en liaison avec nos instructeurs et les forces chérifiennes ». Prescription plus facile à ordonner qu'à mettre à exécution, à trois journées de marche de Fez et dans un pays difficile; sa conséquence immédiate serait de rendre confiance aux dissidents qui prendraient l'arrêt de la colonne de secours pour une marque d'hésitation, de pusillanimité, bien faite pour exalter leur ardeur. Le massif qui domine Fez est occupé précisément par les Cherarda, les Beni-Hassen et les Ouled-Djama qui sont en pleine rébellion. Ce n'est donc pas à l'entrée du défilé qu'il faut s'arrêter, mais bien à la sortie, face à Fez, après avoir nettoyé le massif. Le point d'arrêt de la colonne ne peut pas être Dar-Dzari, mais bien Nsalet el Oudaïa qui est au pied du massif également, mais de l'autre côté, et dont l'occupation nous impose de maîtriser la partie montagneuse qui sépare ces deux points.

L'événement a d'ailleurs fait justice de cette prescription inadmissible.

2° Au groupe Toutée, le Gouvernement impose une attitude défensive, avec ordre formel de ne pas franchir la Moulouïa; alors que le *droit de suite* nous a été reconnu par le sultan du Maroc depuis 1845, après la bataille d'Isly. Il en résulte que, toutes les nuits, des groupes de pillards ou de fanatiques viennent mettre l'alerte dans nos camps et fusillent nos avant-postes, pour disparaître ensuite et se mettre en sûreté sur la rive gauche de la Moulouïa, où nous ne pouvons les suivre. Cette méthode nous coûte des pertes quotidiennes; elles sont regrettables à coup sûr, mais moins encore que l'énervement ressenti par les troupes auxquelles on impose une attitude passive, contraire au tempérament français, et dont l'effet moral est désastreux (1).

(1) L'interdiction imposée au général Toutée de franchir la Moulouïa serait, disent les initiés, due à la crainte de provoquer des susceptibilités internationales. C'est pour la même cause que le Gouvernement a choisi la base maritime de Casablanca pour marcher sur Fez par une route inconnue, peu praticable aux convois, ce qui a retardé de quinze jours la délivrance de cette capitale. La route d'Oudjda

D'autre part, la mobilisation des éléments tirés des diverses garnisons des troupes coloniales, Cherbourg, Brest, Lorient, La Rochelle, Perpignan, Toulon et Paris, pour former artificiellement des unités de marche par la réunion de *petits paquets*, a révélé une lamentable incurie. Elle remonte à une époque déjà éloignée, car c'est à la date du 17 juillet 1900 que l'armée coloniale a été placée, à juste titre, sous l'autorité du ministre de la Guerre. Jusqu'à ce jour, les généraux et hommes politiques qui se sont succédé à la tête de l'armée n'ont considéré les troupes coloniales que comme un appoint en vue d'une mobilisation générale, alors que par destination les régiments coloniaux doivent pouvoir en tout temps fournir des unités constituées, tenues au complet de guerre et capables d'être embarquées, dans les vingt-quatre heures, pour la défense de notre empire colonial réparti sur les deux hémisphères. L'intervention française au Maroc, depuis 1907, avait remis cette question à l'ordre du jour, au Parlement et dans la presse. Les titulaires du portefeuille de la Guerre affirmaient que nos soldats coloniaux étaient toujours prêts à marcher; l'événement a prouvé le contraire.

OPÉRATIONS DU GÉNÉRAL MOINIER

Le premier ordre donné par le Gouvernement pour le renforcement du corps d'occupation de Casablanca date du 17 avril. Deux bataillons de marche d'infanterie coloniale s'embarquaient à Marseille le 23. D'autres mesures suivirent de près, quand on sut que notre mission militaire et les colonies étrangères, à Fez, se trouvaient en danger. Le Conseil des ministres fit connaître le 22 avril qu'il ordonnait au général Moinier de former une *colonne de secours* pour débloquer Fez, et annonçait qu'elle y serait rendue du 3 au 5 mai.

à Fez par Taza, au contraire, avec la base terrestre de la frontière oranaise, est parfaitement connue, praticable et beaucoup plus courte. Nos troupes algériennes, à pied-d'œuvre, pouvaient entamer la marche, alors que les renforts attendus par le général Moinier étaient encore en mer ou en voie d'organisation tactique et administrative. Nous reviendrons ultérieurement sur ces questions plus politiques que militaires, ainsi que sur celle, non moins importante, des lacunes que la mobilisation défectueuse des renforts envoyés de France a fait ressortir.

Pour s'y être pris tardivement, le Gouvernement dès lors fit preuve d'une activité méritoire, car les embarquements de troupes pour Casablanca se succédèrent presque quotidiennement jusqu'au 15 mai. Les difficultés d'atterrissage (1) et la dispersion des unités tactiques et du matériel sur les navires affrétés, causèrent de regrettables retards.

Cependant, le 12 mai, les troupes de renfort débarquées comprenaient :

Infanterie :	2 régiments de marche d'infanterie coloniale à 3 bataillons; 1 régiment de marche sénégalais à 2 bataillons; 2 régiments de marche d'Algérie à 3 bataillons.
Cavalerie :	3 escadrons de chasseurs d'Afrique; 2 escadrons de spahis; 2 goums algériens (de Djelfa et de Laghouat).
Artillerie :	3 batteries montées d'artillerie coloniale; 1 batterie de montagne d'artillerie coloniale; 1 batterie montée du groupe d'Algérie; 1 batterie de montagne du groupe d'Algérie.
Génie :	3 compagnies; 1 détachement de télégraphistes.
Train :	2 compagnies.
Services :	Détachements de commis et ouvriers d'administration, d'infirmiers, de secrétaires; Détachement de gendarmerie.

Les troupes d'occupation de la Chaouïa comprenaient :

Infanterie :	7 bataillons.
Cavalerie :	4 escadrons et le goum de la Chaouïa.
Artillerie :	3 batteries montées; 1 section de montagne.
Génie :	1 compagnie; 1 détachement de télégraphistes.
Train :	1 compagnie du train.
Services :	Détachements de troupes d'administration.

La *colonne de secours* commandée par le colonel Brulard, dite

(1) Par suite de l'insuffisance du port de Casablanca et dans le but de rapprocher les renforts de Fez, leur objectif, les ports de Salé, de Rabat et de Mehdiya furent choisis pour points de débarquement. Leur exiguité, le manque de barcasses et de chalands, et le franchissement des barres à l'embouchure du Bou Regreg et du Sebou, causèrent de graves difficultés.

colonne légère, fut concentrée à Knitra, à 40 kilomètres de Rabat, sur la route de Fez, le 29 avril. Elle n'en partit que le 11 mai, en raison des difficultés d'organisation, de la nécessité de préparer les convois de ravitaillement, et de se renseigner sur les itinéraires offrant le plus de sécurité et les conditions les moins défavorables au point de vue du terrain.

La colonne Brulard campait, le 12 mai, à Lalla-Ito (à 50 kilomètres de Knitra); elle en partit le 16 :

Elle était le 17 à l'oued Rdom;

Le 18 à Hadjer el Ouagef;

Le 19 à Azib Ouazzani;

Le 20 à Nzalet el Oudaïa;

Le 21 à Fez.

Elle avait été rejointe à Knitra par la mehalla fournie par les Chaouïa, à l'effectif de 800 fantassins et 200 cavaliers. La distance de Knitra à Fez est, à vol d'oiseau, de 165 kilomètres.

Mais, dès le 5 mai, des partis marocains cherchaient à couper nos communications entre Rabat et Knitra, au point où la route passe à proximité de la forêt de Mamora.

Le 5 mai, une caravane de douze chameaux était capturée; leurs conducteurs indigènes rentraient à Knitra dépouillés. Le même jour un convoi d'orge et d'argent de vingt et une voitures, sous la conduite du lieutenant Valade, du 16e escadron de train, se heurtait à une embuscade. Le lieutenant, blessé et démonté en contenant l'ennemi pendant que le convoi rétrogradait, ne perdit que quelques mulets; l'escorte eut un brigadier et trois cavaliers tués, sept blessés.

Le 6 mai, un convoi léger était attaqué au même point : le maréchal des logis Nicol (16e escadron du train) fit former ses voitures en cercle et ouvrit le feu sur les assaillants. Il fut tué. Mais trois compagnies d'infanterie coloniale arrivèrent à temps pour chasser les Marocains qu'elles poursuivirent jusqu'à la forêt en leur tuant une vingtaine d'hommes. Elles ramenèrent les cadavres du brigadier et des cavaliers tués la veille et furent rejointes par un soldat indigène qui avait pu se dérober en cachant le corps du brigadier.

Le 7 mai, le camp de Knitra eut à repousser des attaques très vives : au début, le commandant Knoll, avec deux compagnies de tirailleurs et un demi-escadron de spahis, se porta contre les assaillants, les spahis sabrèrent les plus avancés, mais durent se replier devant l'apparition de nouveaux contingents. Deux échelons furent envoyés à la rescousse : l'un, sous le commandant Jacquier, fort de deux compagnies de zouaves, d'un demi-escadron et d'une section d'artillerie coloniale, fit une diversion vers la gauche; l'autre, commandant Rueff, avec deux compagnies de tirailleurs, une d'infanterie coloniale et la batterie montée du capitaine Vignaud, entra en action sur la droite. Entre ce 3e échelon et le 1er, la mehalla de la Chaouïa, conduite par les lieutenants instructeurs Haring et Prioux et le caïd El Haïadi, chargea vigoureusement l'ennemi qui dut se replier en laissant douze cadavres sur le terrain. Le caïd et plusieurs goumiers de la Chaouïa furent tués.

Peu après, un nouveau groupe d'agresseurs apparaissait à la lisière du bois sur la face sud-est du camp. Quelques obus, tirés par la batterie du capitaine Reibel, les dispersèrent.

Le même jour des insurgés coupaient la conduite d'eau qui alimente Salé.

Le 11 mai, attaque d'un convoi à Sidi-Ayech, entre Mehdiya et Rabat ; le tabor de police du capitaine Michaud qui repousse les agresseurs perd un soldat colonial tué et deux indigènes.

Le 13 mai, nouvelle attaque de convoi sur la même route : trois blessés.

Entre temps, le 7 mai, le capitaine Moreaux, de la mission marocaine, se rendait d'El Ksar à Souk el Arba pour lever un goum dans le Gharb. Il y réussit, de concert avec M. Boisset, et l'aide du caïd Omrani.

Le 13 mai, la colonne du colonel Gouraud rejoignait celle du colonel Brulard à Lalla-Ito : attaquée en marche, le 11, son artillerie avait dispersé les assaillants sans causer d'arrêt.

Le 15, le général Dalbiez prenait le commandement du camp de Knitra où il disposait de 1.500 hommes pour assurer les communications avec la colonne de secours. Le général Ditte, commandant à Rabat, avec un effectif équivalent, remplissait une mission analogue, entre ce point et Knitra.

Les 14, 15, et 16 mai, à Lalla-Ito, de vives attaques furent prononcées sur nos camps, protégés d'ailleurs par des travaux de campagne. Un poste de télégraphie sans fil assurait la liaison avec Knitra. La population avait fait le vide devant nos troupes et Lalla-Ito était abandonnée par ses habitants. Les reconnaissances signalaient des rassemblements vers l'est.

Le 14, avant le jour, un fort parti ennemi, profitant des ténèbres, tenta d'attaquer le camp. Les avant-postes signalèrent l'approche des Marocains et se replièrent. Des feux de salve ralentirent leur élan et une contre-attaque à la baïonnette les fit disparaître. Un peu après 5 heures, une nouvelle attaque se produisit sans plus de succès. Nous n'avions qu'un tirailleur tué. L'artillerie continua de tirer sur toute la périphérie du camp pour chasser les Marocains qui, dissimulés dans les champs d'orge, s'approchent en rampant jusqu'à 400 mètres, et de là entretiennent une inoffensive tiraillerie.

Le lendemain, un camp d'une centaine de tentes ayant été signalé à environ 10 kilomètres, un détachement partit à 3h 30 du matin pour le surprendre. La batterie Vignaud en chassa les défenseurs et le goum fit une razzia complète des tentes. Nous eûmes quatre blessés, dont le lieutenant d'artillerie Balembois du groupe d'Algérie.

Le 16, la colonne Brulard reprit sa marche sur Fez. Elle comptait 8 bataillons, 4 escadrons, 4 batteries et était suivie d'un convoi, réparti en six groupes de 400 chameaux, destiné à ravitailler Fez.

La colonne Gouraud restait en échelon à Lalla-Ito pour garder la ligne de communication.

De petits engagements se renouvelèrent pendant les marches des 16, 17 et 18, ils furent repoussés sans pertes de notre côté et sans causer d'arrêt.

Les Beni-Hassen très éprouvés demandaient, en partie, à se soumettre. Quelques douars entraient en relations et fournissaient des denrées.

Les généraux Moinier et Dalbiez, escortés par les goumiers de la Chaouïa (commandant Simon), rejoignirent la colonne Brulart, le 17 mai, au passage de l'oued Rdom.

Entre temps, la harka du caïd Omrani et la mehalla du capitaine Moreaux marchaient parallèlement à la colonne en remontant la rive droite du Sebou. M. Boisset, avec son convoi de ravitaillement (antérieurement destiné au commandant Brémond), rejoignait à l'étape d'Hadjer-Ouagef, le 18, escorté par le goum du lieutenant Jeannerod.

Le général Moinier campait le 21 mai dans les jardins de Moulaï-Hafid. Les trois dernières étapes n'avaient pas été inquiétées.

Cependant, les dissidents continuaient leurs attaques sur la ligne Rabat—Knitra—Lalla-Ito.

Le 19 mai, des contingents des Ahmar, Zemmour et Beni-Hassen tentaient de surprendre le camp de Knitra. Écrasés par le feu de notre artillerie, ils furent poursuivis après une contre-attaque où fut tué le capitaine Petitjean du 2e tirailleurs et un indigène de ce régiment; deux soldats coloniaux étaient blessés.

Le 22 mai, à Sidi-Gueddar, entre l'oued Rdom et Hadjer el Ouagef, la colonne du colonel Gouraud, qui escortait un convoi de 1.500 chameaux chargés, destiné à Fez, fut l'objet d'une vive attaque, vaillamment repoussée. L'ennemi laissait 150 cadavres sur place. Nos pertes sont : 1 sous-officier, le sergent Rousseau de l'infanterie coloniale, 3 soldats européens, 1 algérien tués, et 20 blessés.

Le 23 mai, le général Ditte, se rendant de Knitra à Salé, escorté par le 3e escadron du 1er chasseurs d'Afrique, était attaqué à Dar Bel Aroussi (à 8 kilomètres de Salé) par un djich de Zaer et de Zemmour qui chercha à l'entourer. Vigoureusement chargés par trois pelotons de l'escadron (le quatrième restant avec le général pour assurer sa sécurité), ses agresseurs sabrés détalèrent en ripostant à coups de fusil. Cette échauffourée nous coûtait un officier tué, le lieutenant Monod, ainsi que le maréchal des logis Saveri-Muton, le brigadier-fourrier Saucin, les chasseurs Chatelet et Pesty, et 4 blessés, le capitaine Bouillon, et les chasseurs de Marcean, Gnoult et Vivet.

OPÉRATIONS SUR LA FRONTIÈRE ORANAISE

Les troupes d'occupation de la frontière oranaise, aux ordres du général Toutée (1), condamnées à la défensive passive par suite de l'interdiction de franchir la Moulouïa, ont été plus éprouvées que celles du général Moinier.

Le 4 mai, le général Toutée entrait à Debdou, situé à 60 kilomètres au sud de Taourit d'où étaient parties deux colonnes commandées l'une par le colonel Henrys, l'autre par le lieutenant-colonel Féraud, qui se rejoignirent à Debdou où nos troupes furent bien accueillies par les indigènes.

Le 5, un poste optique établi à 18 kilomètres de Taourit était l'objet d'une attaque qui fut repoussée. Un chasseur d'Afrique y fut blessé.

Le 7 mai, le général Girardot occupait Merada, à portée d'un gué de la Moulouïa, à 30 kilomètres au sud-est de Taourit. Pendant la nuit, des groupes de dissidents passent sur la rive droite et tirent sur le camp de Merada. Le lieutenant Michel du 6e chasseurs d'Afrique est blessé.

Le 9 mai, un détachement, parti de Debdou, canonne Guercif, village situé sur la rive gauche de la Moulouïa, à 15 kilomètres de Merada. Notre artillerie, en batterie à 2.500 mètres, brûle le village.

Le 10 mai, les goums des capitaines Carcopino et Martin qui patrouillent le long de la Moulouïa (rive droite) sont l'objet d'une violente fusillade à hauteur de Guercif. Rejoints à 1 heure de l'après-midi par 1 bataillon du 1er étranger, 1 escadron de spahis et 1 batterie montée de 75, ils mettent, après trois heures de combat, les bandes ennemies (Beni-Ouarain, Oulad el Hadj et Hiaïna) en fuite. Nous avions deux officiers blessés : le capitaine Bigot et le lieutenant Sorensen de la légion, et 6 légionnaires. L'ennemi abandonnait 34 cadavres des siens sur la rive droite.

---

(1) Ces troupes comprenaient 9 bataillons, 6 escadrons, 6 batteries montées, 3 sections de montagne, 2 goums, 1 détachement du génie, et les services administratifs.

Le 11 mai se produisit une attaque sur Debdou qui fut repoussée sans pertes de notre côté.

Le 15 mai, le général Girardot, qui devait se porter avec 3.000 hommes de Debdou sur Merada, avait envoyé trois reconnaissances visiter les cols situés sur le parcours à suivre. Elles partirent au petit-jour; deux rentrèrent sans avoir rencontré l'ennemi. Vers 10 heures, on apprit que la 3e, commandée par le capitaine Labordette du 1er étranger, comprenant sa compagnie et une section d'artillerie de montagne, était aux prises avec les Marocains. Trois compagnies de la légion, avec deux sections de montagne, aux ordres du commandant Gertz, se portèrent aussitôt sur le lieu de l'engagement, vers la casba de Sidi-Otman. Après deux heures de marche, le commandant rencontra la section d'artillerie du capitaine Labordette. Le lieutenant qui la commandait rendit compte que se trouvant près du village d'Alouana, le capitaine lui avait prescrit d'y prendre position, en raison du brouillard épais qui l'exposait à être surpris dans un défilé s'il suivait l'infanterie. Peu après, le lieutenant d'artillerie entendait une vive fusillade et faisait prévenir le général, à Debdou.

Le commandant Gertz fit sonner des appels de clairon; il y fut répondu. La compagnie avait essuyé à bout portant le feu d'ennemis invisibles cachés derrière les rochers. Le capitaine Labordette avait été tué, ainsi que 29 légionnaires, le lieutenant Fradet et 5 soldats étaient blessés (1). L'ennemi avait disparu.

Le 13 mai, un djich de 50 fusils des Beni-ben-Yahi et des Larba enleva les troupeaux de l'administration parqués près de Taourit, 180 bœufs et 300 moutons. Ces derniers seuls furent repris au passage de la Moulouïa.

---

(1) Le capitaine Labordette, commandant la 22e compagnie du 1er étranger, informé qu'un rassemblement de Marocains occupait Alouana, village situé au fond d'un ravin, s'y porta. Reçu à coups de fusils et voyant les crêtes occupées par l'ennemi, il battit en retraite par échelons. Resté à l'arrière-garde, retardée par le transport des blessés, il se trouva cerné dans un cirque rocheux et fusillé de haut en bas à courte distance. La section du lieutenant Fradet se portant au secours du capitaine Labordette, le combat dura de 4 heures à 6h 30 du soir, et les Marocains disparurent à l'arrivée du commandant Gertz, à la tête du bataillon qui dégagea le lieutenant Fradet et les quelques blessés qui résistaient encore héroïquement. Les morts ne purent être retrouvés que le lendemain.

Le courrier de Merada à Taourit était dévalisé, le mulet chargé des sacs de dépêches pris.

Le 16, à une corvée de bois, près du camp de Moul el Bacha, un détachement du bataillon d'Afrique est surpris et perd 3 tués, 3 blessés, 1 disparu.

Le 17, deux goumiers en patrouille sont tués.

Le même jour, un convoi civil est pris entre Merada et An Dkissa, les mulets sont emmenés et les convoyeurs tués.

Le 19, attaque de nuit sur Taourit; elle est repoussée, l'ennemi est poursuivi jusqu'à la Moulouïa par le goum, 3 escadrons et la compagnie montée de la légion; nous avons 1 chasseur d'Afrique tué et 2 blessés.

Le 20, attaque de nuit sur le camp de Merada, l'ennemi est repoussé sur Guercif; le lieutenant Grapinet du bataillon d'Afrique, 1 légionnaire et 1 télégraphiste sont blessés. Un fâcheux accident de tir (déplacement d'une bèche de canon de 65) fait tomber un obus sur le camp des chasseurs d'Afrique, tuant plusieurs chevaux et blessant 2 chasseurs.

Le 23 mai, le général Leré repousse une harka, venue de la rive gauche, qui s'est avancée jusqu'au plateau de Debdou. Deux compagnies du 2e tirailleurs, les premières engagées, eurent leur chef, le commandant Roumens, tué, ainsi que le sergent-major Tonnot et 10 indigènes; un officier, le lieutenant Vergé, et 18 tirailleurs blessés. L'ennemi a perdu plus de 500 des siens.

Le 29 mai, le marché de Taourit est mis en émoi par un combat auquel se livrent deux groupes de cavaliers Sedjaa, dans la vallée de l'oued Za, à 800 mètres du poste. Nos goumiers séparent les combattants qui laissent entre nos mains 2 tués et 6 prisonniers.

Le 30 mai, un djich de Beraber enlève 60 chameaux à nos protégés, les Doui-Menia, sur les pâturages de Zafrani, à 30 kilomètres de Taghit. Un goum, soutenu par un groupe franc du 2e tirailleurs, sous les ordres du lieutenant Brissaud, se met à leur poursuite, rejoint les Beraber et ramène les chameaux à Colomb-Bechar. Nous avons 2 hommes et 8 chevaux tués.

Le 3 juin, le général Toutée reçoit du Gouvernement l'ordre

de cesser les opérations sur la Moulaïa. Des postes retranchés assureront la sécurité de la région, tandis que le gros des troupes rejoindra ses garnisons en passant par le massif des Beni-Snassen.

Le but que se proposait le Gouvernement, en mobilisant la division d'Oran, aurait-il été atteint? Quels avantages ont été obtenus? Nous avons installé des postes à Taourit, Debdou et Merada. Guercif a été, il est vrai, bombardé. Mais l'immobilité de forces considérables, réunies sur la rive droite de la Moulouïa, n'a pu produire, sur les tribus de la rive gauche, l'impression désirable. Les dissidents attribueront à notre impuissance l'attitude passive de nos troupes, imposée par la prudence excessive dont le gouvernement a fait preuve. Cette mesure serait motivée par le désir de ne pas déplaire à l'Espagne, dont la nervosité augmente depuis que le général Moinier a délivré Moulaï-Hafid. Cette puissance vient de débarquer des troupes à Larache et d'occuper El Ksar, où une colonne espagnole est entrée le 10 juin. Il serait encore prématuré de prévoir les conséquences de cette violation de l'acte d'Algésiras.

SUITE DES OPÉRATIONS DU GÉNÉRAL MOINIER

La colonne Gouraud — deux bataillons coloniaux, un de tirailleurs, un escadron de spahis, une batterie d'artillerie coloniale — partie de Knitra, le 20 mai, pour conduire à Fez un convoi de 2.000 chameaux, y est arrivée le 26. Elle avait fait, le 25 à midi, au pont de l'oued Mekkès, sa jonction avec la brigade du général Dalbiez envoyée à sa rencontre. Le colonel Gouraud avait été attaqué une première fois le 21, à Lalla-Ito; la mise en déroute des assaillants nous coûtait trois tués (un sergent et un soldat d'infanterie coloniale, un spahis) et vingt-quatre blessés. Il avait à repousser une nouvelle attaque, le 25 à 5 heures du matin, qui nous faisait perdre un brigadier d'artillerie et un soldat colonial tués, un caporal, cinq coloniaux et trois tirailleurs blessés.

Le général Moinier est sorti de Fez le 29 mai, à la tête des colonnes Dalbiez, Gouraud et Brulard, dans le double but de pousser jusqu'au Sebou un énorme convoi de 2.500 chameaux retournant à Mehdiya et de châtier les tribus du djebel Zerhoum qui avaient attaqué le colonel Gouraud à son passage. Laissant à Fez comme garnison cinq compagnies, une batterie et les services, le général Moinier emportait six jours de vivres et allait camper, le soir, face au bordj de Beni-Amar. Le 30, l'échelon du colonel Gouraud escaladait les pentes boisées du Zerhoum et occupait un gros village des Beni-Yousef qui payait l'amende et donnait des otages. Suivant les flancs escarpés du Zerhoum, il se portait sur les bordjs de Beni-Amar et de Skirat qui avaient fermé leurs portes et tiré sur nos troupes. Ils furent bombardés et brûlés.

Pendant ces opérations, l'échelon du général Dalbiez venait camper à l'oued Zeggota, où le colonel Gouraud le rejoignit le soir, tandis que le colonel Brulard pilotait le convoi jusqu'à Hadjer-Ouagef.

Le 31 mai, le général Dalbiez canonnait et brûlait le village de Kermet, tandis que le colonel Brulard échangeait le convoi vide contre un autre plein que lui amenait le colonel Conte. Le colonel Gouraud, pendant ce temps, faisait aménager par le génie les pentes est du col de Zeggota.

Le 1er juin, le général Moinier revient camper en face du bordj des Beni-Amar, et y organise un poste fortifié (1) auquel il donne le nom du capitaine *Petitjean* (tué le 19 mai) et dont le lieutenant-colonel Simon, du 1er zouaves, prend le commandement. A 3 heures du matin, le 2 juin, le général Moinier se porte sur Ras-el-Ma, dans l'intention d'amener le convoi à Fez. La colonne Brulard, en tête, est suivie par celle du général Dalbiez, et le colonel Gouraud est chargé de la garde du convoi. Il repasse le pont de l'oued Mekkès et se porte de là sur Jboub.

A 6h 40, le colonel Brulard est attaqué sur son flanc droit par des groupes de cavaliers. Le goum de la Chaouïa se porte à leur rencontre, soutenu par une compagnie d'infanterie coloniale et par la compagnie montée de la légion, qui a son sergent-major blessé et deux tués.

Pendant ce temps, la colonne Gouraud est attaquée à l'arrière. Elle bat lentement en retraite pour faire filer le convoi qui se met sous la protection du colonel Brulard, à l'avant-garde.

De 10 heures du matin à 2 heures du soir, la colonne du général Dalbiez, élément de manœuvre, repousse les assaillants et se retire sous la protection d'un bataillon de zouaves (commandant Jacquier), d'un escadron de spahis (capitaine de Vanlay) et de trois sections d'artillerie.

L'ennemi (Beni-Mtir, Zerahna et Cheraja), très tenace, disparaît vers 2 heures de l'après-midi. Le général Moinier campe à 6 heures du soir, à Ras-el-Ma (8 kilomètres de Fez).

Nous avons perdu un officier, le médecin-major Auvert du goum de la Chaouïa, tué raide pendant qu'il soignait un blessé, et trois légionnaires; les blessés sont au nombre de treize (quatre légionnaires, quatre tirailleurs, trois sénégalais, un zouave, un colonial).

---

(1) L'endroit choisi pour l'établissement du camp Petitjean est un mamelon qui commande les agglomérations de Beni-Amar, Sidi-Abdallah, Bou-Kachouch, Ben-Bralaïm et Skirat. Il est abondamment pourvu d'eau en toute saison. La garnison comprend six compagnies, deux pelotons de spahis, une batterie coloniale de 75.

Le 3 juin, les troupes du général Moinier rompent de Ras-el-Ma à 5 heures. Elles constituent deux groupes : l'un, formé du convoi et de la colonne Brulard, rentre à Fez par la rive gauche de l'oued Fez; l'autre, colonnes Dalbiez et Gouraud, par la rive droite, en traversant la plaine des Saïs. La marche n'a pas été inquiétée, mais, pendant la nuit, des coups de feu isolés ont été tirés sur nos avant-postes, sans causer d'alerte.

Dans la nuit du 4, une attaque se produit sur la face ouest du camp de la colonne Gouraud. Une section d'artillerie avait été pointée dans la direction d'Aïn-Semmar; au premier coup de feu répondit une grêle de mitraille et un feu de salve qui firent disparaître les assaillants, laissant sur le terrain seize morts et trois blessés.

Le 5 juin, à 5 heures du matin, le général Moinier se portait sur Bahlil. La colonne Gouraud ouvrait la marche, suivie par celle du colonel Brulard; celle du général Dalbiez, escortant le convoi, faisait l'arrière-garde. Dès 7 heures, des groupes de cavaliers apparaissant sur les flancs furent dispersés par le feu de l'artillerie du colonel Gouraud. Les goums précédaient l'avant-garde, soutenus par un bataillon du 4e tirailleurs. A 8 heures, la fusillade éclatait sur la droite : l'engagement devint bientôt général. Nos goumiers durent mettre le sabre à la main et la baïonnette au canon; leur chef, le commandant Simon, légèrement blessé, eut son cheval tué en repoussant les assaillants. La colonne Gouraud dut se déployer vers la gauche; à 10 heures, le combat était engagé sur un front de 6 kilomètres, et le général Dalbiez, à l'arrière-garde, devait également se déployer pour défendre le convoi (600 chameaux portant les munitions et six jours de vivres). La marche en avant fut reprise, l'artillerie et les mitrailleuses maintenant l'ennemi à grande distance. A 2 heures, les colonnes Brulard et Gouraud escaladaient les hauteurs où se trouve situé Bahlil. L'artillerie ouvrit le feu à 3.000 mètres du village, qui envoya des parlementaires. Le général Moinier les accueillit et fit cesser le feu dans un sentiment d'humanité, les habitants se prétendant victimes des nomades des environs qui rançonnent les sédentaires et les compromettent. Le bombardement leur fut épargné.

mais il importait de châtier les notables qui avaient participé à la rébellion. Une compagnie de la légion, et un détachement du génie pour dynamiter les maisons des coupables, furent chargés de l'exécution.

Les troupes campèrent, à 6 heures, à 2 kilomètres de Bahlil. Cette journée nous coûtait six morts et dix-huit blessés.

Le 6 juin, le général Moinier quittant El-Bahlil venait camper à Aïn-Blouz, à 20 kilomètres de Fez. Le 7, il se dirigea sur Meknès en traversant le territoire des Beni-Mtir. Son avant-garde, formée par le goum de la Chaouïa aux ordres du commandant Simon, surprend un grand campement des Beni-Mtir, qui se dispersent aux premiers coups de canon. L'artillerie prend ensuite pour objectif le douar des Aït-Aiech qui est détruit par les obus, à 3.500 mètres. Cette fraction des Beni-Mtir avait été déjà fortement éprouvée au combat du 5 juin. Nos pertes sont de quatre tués, dont le sergent Ruffier, de la légion étrangère.

Le pacha de Séfrou vint demander au général de faire occuper la ville par nos troupes, afin de la préserver des dissidents, Aït-Youssi et Aït-Segrouchen. Ne voulant pas diviser ses forces, le général Moinier s'y refusa.

Le 8, il se portait sur Meknès : le colonel Gouraud prit la tête, suivi par le colonel Brulard, puis par le général Dalbiez. Au passage du ravin d'Aïn-Tott, l'avant-garde est attaquée par un fort parti de cavalerie. Le goum de la Chaouïa enlève la crête sur laquelle les Beni-Mtir sont massés; il est soutenu par la mehalla du caïd Omrani et par un tabor du commandant Brémond, conduit par le lieutenant Britsch. La section d'artillerie de montagne de cette mehalla (adjudant Pisani) achève la déroute des dissidents et, rejointe par une batterie de 75, cette artillerie balaie les bois où les Beni-Mtir cherchent à se mettre à couvert.

Quelques groupes berbères se reformèrent plus loin, essayant de défendre le passage de l'oued Ouislan (1). Ils n'y réussirent pas, et les goums enlevèrent à la baïonnette les jardins qui se

(1) Ce passage, très difficile en raison de la profondeur du ravin, nous a coûté la vie d'un maréchal des logis d'artillerie, écrasé par une pièce dont le frein cessa de fonctionner.

trouvent à l'entrée de Meknès. L'engagement avait duré de 7 heures du matin à 3 heures de l'après-midi. Le colonel Gouraud étant arrivé au pied du mur d'Aguédal (jardin du Sultan), un pétard en fit sauter la porte. Les Berbères, visiblement découragés, ont disparu; le chiffre de leurs pertes n'est pas connu, mais les habitants de Meknès ont eu cinquante hommes tués dans la dernière attaque. La ville semble avoir beaucoup souffert de son occupation par les Berbères, et le premier sentiment qu'inspire aux habitants la vue de nos troupes est celui du soulagement. Les notables et les classes laborieuses manifestent une satisfaction qui s'affirmera et s'étendra, si le maghzen, sous notre influence, modifie dans le sens de l'équité ses procédés de gouvernement.

Les troupes campent sous les murs d'Aguédal. Des envoyés de Moulaï-Zin, frère du Sultan légitime, auquel les révoltés ont imposé le pouvoir renversé par nos armes, viennent de sa part solliciter l'aman. Le général Moinier les renvoie avec ordre de ramener Moulaï-Zin; il se rend à cet appel et abdique, sous condition d'avoir la vie sauve. Le général s'engage à l'obtenir de Moulaï-Hafid.

Le 9 juin, après avoir déterminé les campements des troupes et désigné celles qui resteront à Meknès pour y tenir garnison, soit : une compagnie de tirailleurs, une de Sénégalais, deux goums de la Chaouïa sous les ordres du commandant de La Mothe, un tabor de 500 Marocains du lieutenant Haring, la section de montagne de l'adjudant Pisani, 400 cavaliers du caïd Omrani et un tabor nègre (1), le général parcourt les rues de Meknès à la tête de son état-major. Les monuments grandioses, revêtus de mosaïques, révèlent, malgré leur état de vétusté et d'abandon, la splendeur passée de cette capitale. Dans le mellah (quartier juif), les acclamations enthousiastes des habitants témoignent de la joie que leur cause cette délivrance, après de longs mois passés sous des menaces de pillage et de mort.

En raison du prochain départ de nos troupes, le général Moi-

(1) Les troupes françaises de garnison s'établissent dans le palais de Dar-Beïda, et les Marocains dans l'ancien mechouar, au milieu des ruines colossales du vieux palais construit en 1674 par Moulaï-Ismaël.

nier installe à Meknès un hôpital de campagne, des cas de dysenterie commençant à se manifester. Ils sont dus à la mauvaise qualité des eaux bues en cours de route et aux marches forcées presque sans arrêt.

Depuis que l'entrée des Français à Meknès est connue à Fez, plusieurs fractions des Cherarda et des Hyaïna envoient des notables pour négocier avec le maghzen les conditions de leur soumission.

Le général Moinier a quitté Meknès le 11 juin, à la tête des troupes, pour retourner à Fez en traversant le massif du Zerhoum. Le 12 juin, il campait sous les murs de la zaouïa de Moulaï-Idriss, sanctuaire vénéré où repose le fondateur de Fez. Les chorfas de la zaouïa sont venus chercher en grande pompe le général et son état-major. Vêtus de blanc et montés sur des mules caparaçonnées de rouge, précédés de nos trompettes et escortés par la cavalerie, ils conduisirent le commandant en chef et son état-major dans le sanctuaire; nos troupes sous les armes, les canons en batterie, rendirent les honneurs. Le cortège a parcouru la ville, très accidentée, qui renferme 6.000 habitants. Une *mouna* fut servie à nos officiers dans la maison du chérif Fatmi-ben-Etfid, qui remercia le général et lui confia le soin de faire rentrer les chorfas en grâce auprès du Sultan, afin qu'il maintînt leurs prérogatives séculaires. Le général répondit que les engagements pris par la France seraient respectés par le Sultan, et le chérif déclara que la parole du commandant des troupes françaises valait pour lui mieux que tout acte écrit. Le chérif conduisit ensuite le général dans un vaste cirque où s'étaient assemblés quatre-vingts délégués des ksour de la confédération du Zerhana, venus, avec une nombreuse suite de serviteurs, pour s'entendre sur les gages à donner de leur soumission définitive. Ces messagers de paix acceptèrent de payer une contribution de 10.000 douros, qui sera livrée en nature, au camp Petitjean, pour y constituer un dépôt d'approvisionnement.

Reparties pour Fez le lendemain, en suivant des parcours différents, les troupes y rentraient le 15 juin, sans avoir eu à tirer un coup de fusil. Le lendemain, Moulaï-Hafid recevait son frère Moulaï-Zin et les membres du maghzen de Meknès ramenés par nos colonnes, et leur accordait l'aman complet. Les autorités françaises veilleront à ce que les engagements pris par le Sultan soient respectés (1).

Le 18 juin, les colonnes Brulard et Dalbiez sont parties vers l'ouest, dans les directions de Petitjean et de Knitra pour assurer le va-et-vient des colonnes d'approvisionnement.

Le général Moinier, resté à Fez avec la colonne Gouraud, y a fait établir un hôpital, dans un local spacieux et bien approprié, où seront également installés les services médicaux et pharmaceutiques. Des eaux vives parcourent en tout sens les jardins, et l'exposition générale au nord-est répond aux conditions requises à l'époque des chaleurs. Cet hôpital prend le nom du médecin aide-major Auvert, mort au champ d'honneur, pendant le combat du 2 juin, en soignant un blessé; le médecin-major Fournial en est directeur.

Le chiffre des hommes qui y sont hospitalisés, à la date du 20 juin, pour dysenterie, embarras gastrique ou typhoïde, dépasse la centaine. Il est évident que les troupes ont besoin de repos et que la nécessité d'assurer les communications en pays couvert et accidenté ne permet pas de le leur donner. Il est absolument nécessaire que des renforts soient envoyés pour tenir les postes qui jalonnent la route depuis la côte jusqu'à Fez et à Meknès, afin de pouvoir parcourir les territoires occupés par les dissidents avec des forces suffisantes pour amener leur soumission. Si, après avoir occupé Meknès, le général Moinier avait eu assez de monde pour poursuivre les Beni-Mtir vaincus, il n'est pas douteux qu'ils seraient arrivés à composition. Ne se sentant plus menacés, ils reprennent confiance.

Pour parer à l'insuffisance numérique des troupes d'opération, on recrute des soldats pour l'armée régulière chérifienne encadrée par nos instructeurs. Les volontaires qui se présentent ont bon aspect, mais ils ne sauraient être nombreux à l'époque des moissons, et parce que de nombreuses tribus, parmi les plus aptes au service, ne sont pas encore soumises.

---

(1) On signale de Fez que l'aman a été accordé par Moulaï-Hafid, le 22 juin, aux chorfas de Moulaï-Idriss et à des fractions des Guerouane, des Beni-Hassen et des Cherarda. Les tribus de la plaine de Saïs ont fait leur soumission le 25 juin.

Une colonne de neuf compagnies partie de Mehdiya le 17 juin, pour nettoyer la forêt de Mamora dans la partie qui borde la route de Rabat à Knitra, sous les ordres du colonel Taupin, a été attaquée à 25 kilomètres de Salé par un fort parti marocain. Un combat très vif, qui dura près de huit heures, força l'adversaire à quitter le terrain où il laissait de nombreux morts. Nous avions un Sénégalais tué et six blessés, dont deux officiers.

Le 20, un détachement d'artillerie coloniale, campé à Dar-Bel-Aroussi, fut assailli au cours d'une corvée de bois, à 8 kilomètres de Salé. Il eut à soutenir un combat très vif et eut un artilleur tué; l'ennemi disparut à l'arrivée d'une compagnie d'infanterie qui dispersa les assaillants.

Le 22, le général Moinier reprenait la direction de Meknès; il y est arrivé le 25 sans coup férir.

CONSIDÉRATIONS GÉNÉRALES

L'expédition de la Chaouïa nous a été imposée par l'obligation de venger nos compatriotes massacrés, en juillet 1907, à Casablanca. Mais, après que le général d'Amade eut pacifié cette région dont les habitants, soumis par la force de nos armes malgré leur énergique défense, sont devenus pour nous de précieux auxiliaires, nous n'avons pu les abandonner. Ils auraient été exposés aux représailles des tribus voisines qui ne leur pardonnent pas le concours prêté aux Roumis pour maintenir l'ordre et la paix française dans la Chaouïa. Il nous a donc fallu y laisser des troupes d'occupation.

Le sultan Abdul-Aziz était, vis-à-vis des Marocains, ses sujets plus ou moins hypothétiques, compromis par ses tractations avec la France et l'Europe. Notre Gouvernement eut l'insigne faiblesse de l'abandonner quand son frère Moulaï-Hafid, s'insurgeant contre lui, leva l'étendard de la révolte pour complaire à la xénophobie de ses partisans. Le général d'Amade, qui pouvait et voulait l'arrêter, chose facile alors que Moulaï-Hafid traversait les Mzab (1) pour se rendre à Fez, reçut l'ordre formel

(1) Partie de la Chaouïa.

d'observer la plus stricte neutralité entre Abdul-Aziz (sultan légitime reconnu par toute l'Europe et élevé par la France, tout récemment et en grande pompe, à la dignité de grand-croix de la Légion d'honneur) et Moulaï-Hafid, son frère. Le commandant du corps de débarquement, la mort dans l'âme, dut laisser passer ce dernier. Compromis par notre protection, Abdul-Aziz fut déposé, et Moulaï-Hafid, devenu sultan de fait, vit ses droits reconnus par l'Europe et par nous.

Devenu impopulaire à son tour, surtout pour ses exactions, Moulaï-Hafid devait, en 1911, implorer notre aide pour maintenir son pouvoir. Assiégé dans sa capitale par les Berbères insurgés qui menaçaient sa souveraineté et sa vie, il fit appel à nos armes; et nous avons fait l'expédition de Fez pour sauvegarder les missions diplomatiques, nos instructeurs militaires et le maghzen lui-même.

La marche du général Moinier fait honneur à la France; elle a été bien menée. Par contre, on ne peut rien comprendre à ce que nous avons fait, à l'est, du côté de la Moulouïa. Le Gouvernement y avait réuni des forces imposantes qu'il a *volontairement* maintenues inactives, contrairement à la plus évidente des obligations militaires, les laissant exposées aux attaques incessantes des tribus locales. L'interdiction, faite au général Toutée, de franchir la Moulouïa, alors que le droit de suite nous a été reconnu par le Maroc depuis 1845, a coûté à nos troupes oranaises des pertes regrettables, plus élevées que celles éprouvées par la colonne de l'ouest qui a occupé Fez et Meknès, tout en repoussant victorieusement, du 5 au 25 mai, des attaques presque quotidiennes.

Le résultat de notre intervention peut être considéré comme satisfaisant. Le Sultan nous a appelés à son secours : nous avons répondu à son appel désespéré. Mais il nous reste à accomplir une œuvre de civilisation en donnant au Maroc l'ordre et la paix qu'il n'a jamais connus. Ce ne sera pas l'œuvre d'un jour!

Les faits ont une logique beaucoup plus rigoureuse que la logique des paroles, des promesses et des conventions internationales. Ils se chargent de dissiper rapidement et complètement les fictions où se complaisent les gouvernements, et par lesquelles ils cherchent en même temps à se duper et à duper les autres. En fait, Moulaï-Hafid est bel et bien notre protégé. Il l'est aux yeux de tous les Marocains. On peut discuter tant qu'on voudra sur la nature de ce *protectorat*, sur sa signification politique et diplomatique, mais on ne changera rien à un fait évident.

Nous avons raffermi l'autorité du Sultan. Il semble cependant qu'il a les plus grands torts envers ses sujets, ce qu'il a reconnu lui-même en révoquant El-Glaoui, son grand vizir, comme coupable d'avoir opprimé les tribus en les soumettant à un régime systématique d'extorsions. Peut-on admettre que nous soyons venus à Fez pour protéger Moulaï-Hafid, s'il devait continuer à spolier à outrance ses sujets, à mutiler ses adversaires en leur faisant couper bras ou jambes, en les torturant, voire même en livrant certains d'entre eux, sous ses yeux, aux bêtes féroces, et en laissant vendre, à Fez même, les femmes et les enfants razziés sur les tribus révoltées?

Les principes de gouvernement en vigueur au Maroc sont ceux qui régissaient les États barbaresques quand nous avons dû intervenir à Alger en 1830. Les grands personnages du maghzen achètent leurs charges. Tous les emplois sont réservés au plus offrant. Les plus hauts fonctionnaires de tout ordre, ayant payé très cher le titre qui leur confère l'autorité et ne pouvant la conserver qu'à la condition de renouveler souvent leurs cadeaux (1) au Sultan imposés par l'usage, vendent à leur tour les emplois dont ils doivent nommer les titulaires. Ceux-ci, également, récupèrent aux dépens de leurs administrés les débours qu'ils ont faits, en y ajoutant ce qu'ils estiment devoir en tirer à titre de bénéfice et de rémunération. La concussion, la fraude, les exactions de tout genre en deniers et en nature, parfois même le vol à main armée et le pillage sont, pour tous les agents du maghzen, l'unique moyen de faire fortune. Il s'agit de

(1) « Mazagan, 22 juin. On croyait au changement de procédés du maghzen pour l'installation des caïds, mais une lettre du Sultan adressée à Akesmi, pacha de Mazagan, dit : « J'avais l'intention de te retirer ton commandement, d'autant plus que « Derkaoui, ton prédécesseur révoqué, offrait 5.000 douros; mais, comme tu es un « bon serviteur, envoie-moi 5.000 douros et garde ta place. » L'argent a été envoyé le soir même. » *Le Temps*, 25 juin 1911.

tondre l'humble fellah au plus près, sans l'écorcher au point de le contraindre à la rébellion.

Quitter Fez, sans avoir assuré une organisation administrative, judiciaire et financière *honnête,* afin de pouvoir constituer une force armée indigène disciplinée, régulièrement soldée et entretenue, serait un acte de folie. En laissant les choses en leur état actuel, nous aurions à recommencer de nouvelles expéditions, à bref délai. Ce serait tourner indéfiniment dans le même cercle vicieux.

Il faut donc fonder au Maroc une organisation basée sur la justice, l'équité, l'honnêteté, qui ne peut exister que sous le contrôle de la France. C'est pour nous un droit et un devoir. Le droit nous a été implicitement reconnu par l'acte d'Algésiras du 7 avril 1906 et, plus récemment, par notre accord du 9 février 1909 avec l'Allemagne.

La France ne peut dépenser impunément son argent, et verser le sang de ses soldats pour une œuvre purement idéale. Elle a des hypothèques à prendre, et les sommes considérables qu'elle dépense, les vies humaines qu'elle sacrifie, doivent entrer en ligne de compte, non seulement aux yeux du Gouvernement marocain, mais aux yeux de l'Europe tout entière, qui enregistre nos actes, notre attitude et la sincérité avec laquelle nous remplissons tous nos engagements.

Opinions défavorables en Allemagne et en Espagne. — Notre action au Maroc ne soulève de critiques dépourvues de bienveillance qu'en Allemagne et en Espagne.

En Allemagne, le Gouvernement gardait une réserve courtoise. Mais les journaux pangermanistes, qui n'ont jamais cessé de chercher querelle à la France à propos du Maroc, oubliant le mot célèbre du prince de Bismarck : *La question coloniale ne vaut pas les os d'un seul grenadier poméranien !* fulminent leurs menaces habituelles : « La France viole, disent-ils, l'acte d'Algésiras. » D'autres, plus positifs, nous invitent à faire à l'Allemagne sa part et proposent d'entrer en conversation, d'après la maxime « *do ut des* », qui n'est guère de mise à l'heure présente où nos avantages se réduisent à verser le sang de nos soldats et à dépenser des millions tirés de la poche du contribuable français.

L'attitude de l'Espagne a causé quelque étonnement. Elle a au Maroc, comme la France, des intérêts qui n'ont jamais soulevé de conflits entre nos gouvernements respectifs. En 1909, l'Espagne envoyait dans le Riff un corps expéditionnaire de 50.000 hommes et nous n'en avons pas pris ombrage. La conférence d'Algésiras a confié à l'Espagne et à la France la charge d'organiser une police marocaine, en attribuant aux deux pays des zones fixes soumises à leur influence. Comme nos voisins transpyrénéens, nous avons accompli, en collaboration avec le maghzen, l'œuvre prescrite par l'acte d'Algésiras, qui, de plus, admettait qu'une mission militaire française fût mise à la disposition du Maroc pour organiser son armée (1). Or, la marche de nos troupes sur Fez a produit en Espagne un mouvement d'opinion populaire, auquel le Gouvernement n'a pu résister. Il semble que nos voisins aient été émus par cette idée que les troupes françaises, marchant au secours de la capitale marocaine sur la demande du Sultan, n'en sortiraient plus. Elles ne pourraient évidemment pas en revenir avant d'avoir achevé la pacification du pays, œuvre de longue haleine. De là, à conclure que la France allait évincer l'Espagne de ses zones d'influence, ou tout au moins la réduire à un rôle effacé, il n'y avait qu'un pas ; il fut franchi. Et, sous un prétexte spécieux (troubles imaginaires dans le Gharb), un détachement espagnol de toutes armes est venu hâtivement occuper la route de Larache à El Ksar en mettant garnison dans ces deux villes. L'impatience de l'Espagne, dont cette manifestation restreinte est la preuve, a fait surgir des suppositions fantaisistes; certains l'ont attribuée aux conseils de l'Allemagne, désireuse de provoquer un conflit où elle apparaîtrait « *tertius gaudens* ». L'événement ne doit pas nous émouvoir : le Gouvernement espagnol a obéi à la poussée un peu violente de l'opinion publique surexcitée.

(1) Il est de toute évidence que seule la France pouvait assumer cette tâche, étant limitrophe du Maroc sur plus de 1.200 kilomètres et possédant une armée arabe et musulmane capable de fournir au maghzen les instructeurs et les cadres dont il peut avoir besoin.

Au jour où la région qu'occupent ses troupes sera pacifiée, satisfait de l'œuvre qu'il aura accomplie, il évacuera le pays et le rendra à son souverain légitime. Nous agirons de même, quand le moment sera propice, notre mission terminée.

Nous ne devons ni nous brouiller avec l'Espagne, ni dénoncer notre traité et nos accords avec elle. L'Espagne a enfreint le texte de la convention franco-espagnole et la lettre de l'acte d'Algésiras; mais, si illégale qu'elle soit, son initiative est assez compréhensible. La zone qui lui est attribuée au Maroc s'étend sur le tiers ou le quart de ce pays. Nous devons d'autant moins nous en affliger que les frais que nous imposera la pacification du Maroc en seront notablement diminués. La France et l'Espagne sont deux nations sœurs, leurs intérêts sont communs en Afrique comme en Europe, et dussions-nous lui faire de bonne grâce quelques concessions, nous devons conserver avec elle des relations cordiales et franches. En maintenant étroitement notre concert et notre amitié avec l'Espagne, que le dernier incident d'El Ksar ne peut sérieusement troubler, et en agissant avec prudence, nous réduirons au minimum les embarras et les charges que la pacification du Maroc va infailliblement nous imposer (1).

(1) Certains journaux français ont pris au tragique le geste de l'Espagne qui leur semble gros de conséquences fâcheuses pour nous; ils invitent le gouvernement à protester contre son illégalité : « Dans le Maroc actuel il n'y a pas de zones, dit le *Temps* (25 juin), il n'y a qu'un empire dont l'intégrité est garantie par l'Europe sous la souveraineté du Sultan. On en est encore à attendre que le gouvernement français formule cette affirmation, en protestant contre l'action espagnole. Le ministre des affaires étrangères a parlé plusieurs fois sans réfuter la théorie espagnole des zones, qui, soulignée par l'occupation de Larache et d'El Ksar, est une violation des traités aussi catégorique que possible. Nous avons dit et répété que ce silence était une faute; qu'il rendrait tôt ou tard suspecte notre fidélité à l'acte d'Algésiras; qu'en laissant passer l'intervention espagnole nous dénaturerions la nôtre aux yeux de l'Europe.

« Les faits commencent à nous donner raison. Lisez, par exemple, la *Gazette de la Croix :* elle insinue que la France et l'Espagne ont conclu un accord sur le Maroc, accord qui les maintiendra respectivement où elles sont. En d'autres termes, on nous prête un double jeu... Il eût fallu qu'une parole autorisée déclarât au nom du Gouvernement français que tel ne peut être le cas, puisqu'il y a d'un côté respect des traités, de l'autre violation... La parole nécessaire ne s'est pas fait entendre. C'est profondément regrettable... On a fait naître une équivoque dangereuse pour la France. »

Avons-nous intérêt à nous brouiller avec l'Espagne, à seule fin d'exiger l'interprétation judaïque d'un contrat? Les faits dominent la lettre écrite. Si la présence de quelques centaines de soldats espagnols à El Ksar donne satisfaction à l'opinion

L'Allemagne, de son côté, nous avait vus pénétrer dans le *guêpier marocain* avec une ironique complaisance. Escomptant les difficultés à surmonter et les sacrifices que nous coûterait l'entreprise de longue haleine assumée par la France, le Gouvernement impérial se réservait, prêt à déclarer l'acte d'Algésiras violé et à réclamer sa part du Maroc.

L'entrée du général Moinier à Fez, l'*inviolée*, et à Meknez, la *sainte*, renversa les idées préconçues; le charme marocain était rompu. L'Allemagne en conclut qu'il n'y avait plus qu'à tendre la main pour se partager les dépouilles du maghzen. Le geste prématuré de l'Espagne l'y conviait. Aussi, le 1er juillet, l'ambassadeur d'Allemagne à Paris, M. de Schœn, faisait savoir à notre ministre des Affaires étrangères que le Gouvernement impérial avait envoyé un navire de guerre à Agadir, dans le but de protéger les intérêts de ses nationaux, compromis dans le Sous. Cette intervention, d'autant plus imprévue que le prétexte choisi pour la justifier était fictif (la région indiquée n'avait été nullement troublée), a causé une certaine émotion.

L'acte d'Algésiras, inspiré par l'Allemagne, affirme :

1° Le principe de la souveraineté et de l'indépendance du Sultan;

2° L'intégralité de ses États;

3° La liberté économique sans aucune inégalité.

Cet acte a réglé l'intervention des puissances pour l'organisation des douanes et des finances, en chargeant la France et l'Espagne d'assurer la police des ports qu'il a répartis entre elles.

Par l'accord du 8 février 1909, l'Allemagne a reconnu les intérêts *politiques* de la France au Maroc, en échange de la reconnaissance par nous des intérêts *économiques* allemands.

C'est donc en parfaite application des termes de ces deux traités que Moulaï-Hafid, incapable de réprimer l'insurrection berbère, a imploré notre aide; grâce à elle, la délivrance de Fez et le renversement de l'usurpateur Moulaï-Zin à Meknez étaient rendus *diplomatiquement* possibles.

---

publique de nos voisins, notre action particulière au Maroc ne saurait être entravée par ce fait. Mieux vaut ne pas soulever une discussion juridique inamicale, dont le seul résultat serait de nous rendre l'Espagne hostile; et pour obtenir quel mince avantage, celui de réfuter l'opinion hasardée d'un journal allemand dépourvu d'autorité!

En résumé, après quelques polémiques au cours desquelles la presse internationale fut à peu près unanime à condamner le geste de l'Allemagne, la question a été ramenée, entre cette puissance et la France, à une discussion diplomatique, selon les conventions admises par l'accord de 1909. Il avait pour objet de faciliter l'exécution de l'acte d'Algésiras et d'éviter pour l'avenir des malentendus. Il envisageait, dans ce but, une association économique, contre-partie de la promesse faite par l'Allemagne de ne pas entraver les intérêts *politiques* spéciaux de la France au Maroc. Or, à ce point de vue, nos torts sont indéniables : c'est notre politique intérieure qui en porte la responsabilité (1). En résumé, l'Allemagne reproche à la France d'avoir fait preuve de mauvaise volonté dans l'application de l'accord de 1909; et la France, à son tour, reproche à l'Allemagne d'avoir, pour se plaindre de cette application, choisi un fâcheux procédé. La France ayant rompu des arrangements destinés à traduire en actes sa collaboration *économique* promise en 1909, l'Allemagne y a répondu par une manifestation contre le privilège *politique* qu'elle nous avait reconnu au Maroc. Il faut et il suffit d'en revenir à l'application sincère et courtoise du traité.

Opinion favorable en Angleterre. — Les journaux d'Angleterre donnent la note juste :

« Le problème marocain n'est pas résolu par l'occupation de Fez. La politique annoncée par nos partenaires de l'entente cordiale est, si possible, de préserver l'intégrité de l'empire

(1) En juillet 1910, notre ministre des Affaires étrangères, M. Pichon, avait envisagé avec le Gouvernement impérial une sorte de consortium franco-allemand sur la frontière Congo-Cameroun, « une association des intérêts commerciaux pouvant amener, disait-il au Sénat le 30 juin, une conciliation entre colons rivaux ». Ces négociations aboutirent; le 25 janvier 1911, M. Pichon annonçait à la commission du budget le dépôt d'un projet de consortium franco-allemand, soumis à la ratification du Gouvernement. Mais le cabinet Briand était renversé et, en avril 1911, M. Messimy, ministre des Colonies, fit savoir à la Chambre que le cabinet Monis *avait décidé de ne pas donner suite à l'engagement signé en décembre 1910 par MM. de Schœn et Pichon.* Le projet fut ainsi abandonné, ainsi que ceux analogues visant la construction des chemins de fer marocains, de celui du Congo-Cameroun, de l'union des mines marocaines, de la société marocaine des travaux publics, etc. Tel a été le résultat de la regrettable intrusion de querelles de politique intérieure dans les questions internationales.

marocain, de restaurer l'autorité du Sultan et de maintenir la liberté commerciale. Ce triple problème ne pourra jamais être résolu par des principes, et il est probable que Moulaï-Hafid, ou tout autre sultan, attendra longtemps la fin de l'occupation française. Créer de l'ordre là où règne l'anarchie est une tâche qui n'est pas terminée, mais commencée seulement par l'occupation de Fez. » (*Daily Telegraph.*)

« La France, dit le *Times*, a agi avec la plus parfaite correction. Toutes les puissances ont été officiellement avisées, en temps utile, de cette intention et de la ferme résolution de respecter l'acte d'Algésiras. Non seulement le Gouvernement français a tenu sa parole, mais il a scrupuleusement évité ce qui pouvait faire naître le moindre soupçon. Les mesures que la France compte prendre maintenant viennent d'être exposées avec non moins de clarté. La raison en est simple. La France, n'ayant aucun dessein caché, peut exposer sa politique avec franchise. Elle n'a pas à craindre qu'on soupçonne ses intentions. »

Enfin, le *Morning Post*, après avoir rappelé l'œuvre admirable accomplie par le général d'Amade dans la Chaouïa, déclare :

« La France maintenant n'a plus qu'à suivre l'exemple que l'Angleterre, bien à contre-cœur, lui a donné en Égypte. En dépit de toutes les difficultés de la situation, l'Angleterre a réussi à établir dans la vallée du Nil l'ordre et le respect de la loi. Elle a tiré le pays de la banqueroute et a rendu à l'Égypte la prospérité. Il n'y a aucune raison pour que la France n'obtienne pas, au Maroc, des résultats analogues (1). »

GÉNÉRALITÉS SUR LE MAROC

Si l'ère des difficultés n'est pas close au Maroc, en raison de l'état inorganique des populations qui l'habitent, il nous est

(1) L'Angleterre est allée en Égypte en 1883, lors de l'insurrection d'Arabi, pour y rétablir l'ordre. Elle a déclaré que son occupation ne serait que provisoire. Or voilà près de trente ans écoulés; l'ordre a été rétabli, les finances sont dans un état superbe, jamais le pays n'a été si prospère. Est-ce que les Anglais se retirent d'Égypte? Est-il question de leur départ? Nous pouvons mesurer aujourd'hui la faute que nous a fait commettre M. Clemenceau quand il a, en 1883, renversé le ministère Jules Ferry qui avait accepté le *condominium* proposé par l'Angleterre.

cependant facile de le pacifier d'abord et de l'amener progressivement à la civilisation. Nous avons affaire à trois groupes distincts :

1° Les Maures citadins, de race indistincte, propriétaires, commerçants, artisans; ils ont intérêt au maintien de la sécurité pour leurs personnes et pour leurs biens. Vivant dans la crainte d'être rançonnés par l'autorité ou pillés par la populace, ils se croient obligés à manifester des sentiments exagérés de fanatisme religieux et de haine à l'égard des Roumis. Mais, dans leur for intérieur, ils sont, pour la plupart, prêts à accepter tout régime capable d'assurer l'ordre.

Les hommes sont guidés par leurs intérêts, et les autres mobiles de leurs actions ne sont que passagers et transitoires. Les musulmans, même au Maroc, ne font pas exception. Dans certains cas, le fanatisme peut faire oublier l'intérêt, mais le contraire est plus habituel. De même, les hommes s'attachent d'autant plus aux institutions qui les régissent que ces institutions leur offrent plus de bien-être, de sécurité, de garanties; plus ils seront prospères et plus les Marocains s'attacheront à l'ordre de choses qui aura produit leur prospérité;

2° Les cultivateurs sédentaires, de race berbère pour la plupart. Bons ouvriers agricoles, ils n'aspirent qu'à jouir du fruit de leurs travaux et à récolter ce qu'ils ont semé. La pacification de la Chaouïa, si rapidement obtenue par le général d'Amade, en fournit une preuve convaincante;

3° Les nomades, de race arabe, vivant sous la tente, sont pasteurs et méprisent le travail de la terre. Ils sont difficiles à fixer, car ils ont besoin de vastes parcours, en terrains vagues, pour paître leurs troupeaux (1).

---

(1) Au point de vue ethnique, dit Dussieux (*Géographie générale*), les habitants du Maroc se rattachent à cinq races, ainsi réparties, très approximativement :

Les Berbères	3.500.000	6.000.000
Les Maures	1.200.000	
Les Arabes	800.000	
Les Nègres	400.000	
Les Juifs	100.000	

Les Berbères autochtones et les Arabes conquérants sont de races distinctes tant par leur origine que par leurs mœurs actuelles, et hostiles l'une à l'autre. Les Maures sont issus des musulmans chassés d'Espagne après la conquête de Grenade, et mélan-

Unis seulement par le fanatisme musulman dans une haine commune du *Roumi*, Arabes et Berbères en sont au degré de civilisation où se trouvaient leurs coreligionnaires algériens quand notre armée débarqua à Sidi-Ferruch, en 1830. Leur mentalité reproduit, sous bien des rapports, celle de nos aïeux au temps des croisades. Ils obéissent à des caïds, sorte de barons féodaux, grands vassaux d'un suzerain à la fois religieux et politique; et la principale ambition de ces dignitaires est de s'affranchir de tout vasselage. L'idée de patrie n'existe pas au Maroc, et le fanatisme religieux, qui seul unit ses habitants, ne va pas jusqu'à leur faire méconnaître les avantages des biens terrestres. Toujours avides de celui d'autrui, ils ont l'amour du pillage et s'allient sans vergogne au *Roumi* s'ils doivent y trouver profit. C'est en tirant parti des rivalités de clans, et de haines parfois séculaires entre les tribus de l'Algérie, que nous l'avons conquise. Mahomet, en inspirant à ses sectateurs le fatalisme, les a rendus dociles à la loi du plus fort, car le Coran défend au vrai croyant d'accepter la suprématie de l'infidèle... sauf quand il l'impose « *bessif* », c'est-à-dire *par le sabre*.

La France est devenue puissance musulmane, elle est seule capable de pacifier et d'organiser le Maroc qu'elle encercle sur une frontière ininterrompue qui, de l'embouchure de la Mouloüa à l'océan Atlantique, s'étend sur plus de 1.200 kilomètres (1).

---

gés d'Arabes et de Berbères. Les Juifs s'adonnent, comme partout, au commerce, et les nègres, importés du Soudan comme esclaves, ne comptent pas au point de vue politique.

Mais, si les Berbères et les Arabes diffèrent par les caractères ethniques, par les mœurs et par le langage, ils arrivent à se confondre sur les zones limitrophes de leur habitat : on y trouve des Berbères *semi-nomades* et des Arabes *semi-sédentaires*. C'est ce qui rend particulièrement difficile l'établissement d'une statistique même approximative. Une population mixte s'est formée, par voie de croisement, dont les sujets sont les premiers à ignorer la race à laquelle ils appartiennent, les uns et les autres parlant réciproquement la langue prépondérante dans le milieu où les circonstances les ont fixés.

(1) Un journal autrichien, la *Wiener Allgemeine Zeitung*, exposait en 1908 une théorie fort juste des « *droits du voisin* » pour justifier l'annexion de la Bosnie et de l'Herzégovine :

« L'Autriche-Hongrie est la seule grande puissance qui ait des possessions dans les Balkans, la seule qui soit appelée à jouer dans la péninsule le rôle qui revient à la Russie dans l'Asie centrale et à la France dans l'Afrique du Nord. *Le fait d'être voisin donne des droits dont tout le monde est obligé de tenir compte.* » Cette conclusion est irréfutable, car aucune fiction diplomatique ne peut prévaloir contre les faits.

Seuls, nous sommes à pied d'œuvre et nous possédons, sur place, une armée indigène incomparable dont la discipline acquise n'a rien fait perdre au soldat arabe de ses instincts guerriers. Or il est d'une haute importance d'employer des musulmans à combattre leurs coreligionnaires. Nous avons mis du temps à reconnaître cette vérité, et c'est ce qui a rendu si longue et si difficile la conquête de l'Algérie, car elle n'a été assurée que grâce au concours des indigènes quand, tardivement, nous les avons pris à notre solde (1).

Nos expéditions d'Alger en 1830, de Casablanca en 1908 et de Fez en 1911 nous ont été imposées par l'accomplissement d'un même devoir imprescriptible : celui de venger nos nationaux victimes d'attentats réitérés et d'en empêcher le renouvellement. Mais les résultats en ont été très différents.

Quand le gouvernement de Charles X débarqua une armée à Sidi-Ferruch, il n'avait rien prévu (2) et se trouva fort embarrassé après la prise d'Alger. Le Gouvernement de Juillet pris au dépourvu (3), n'osa pas abandonner Alger, mais rappela le tiers du corps d'occupation.

---

(1) C'est ce que j'ai démontré dans *La Campagne du Maroc et les enseignements de la guerre d'Afrique*, Berger-Levrault, 1908. Prix : 2 fr. 50.

(2) Une lettre du prince de Polignac, ministre des Affaires étrangères, au comte de Rayneval, notre ambassadeur à Vienne, écrite le 20 avril 1830, donne la mesure des hésitations gouvernementales. Il y est dit que les différentes solutions examinées jusqu'à ce jour sont :

1° Imposer au dey d'Alger une indemnité de guerre de 50 millions et la cession de Bône;

2° Laisser le gouvernement tel qu'il est, après avoir rasé les fortifications d'Alger et enlevé les canons;

3° Combler le port après avoir détruit le môle;

4° Reconduire les milices turques en Asie et établir, à la place du dey, un prince maure ou arabe, avec un gouvernement national;

5° Faire d'Alger un simple pachalik à la nomination du Sultan;

6° Donner Alger à l'Ordre de Malte;

7° Garder Alger et coloniser la côte;

8° Partager tout le pays entre les puissances méditerranéennes en donnant Bône à l'Autriche, Stora à la Sardaigne, Djidjelli à la Toscane, Bougie à Naples, Tenez au Portugal, Arzeu à l'Angleterre, Oran à l'Espagne, la France gardant Alger.

(3) A ce point qu'il autorisa le général Clausel à négocier la cession, au bey de Tunis, des beyliks d'Oran et de Constantine (décembre 1830). Hassan, bey d'Oran, s'était soumis à la France le 6 août; il y eut un commencement d'exécution, le bey de Tunis y envoya un kalifat et 200 soldats tunisiens, avec promesse de payer un million. Cet engagement ne fut pas tenu, la convention ne fut pas ratifiée et les Tunisiens se

L'armée qui avait pris Alger était une armée métropolitaine, ignorante des conditions de la guerre d'Afrique, mal outillée et équipée pour combattre les Arabes et sous un ciel de feu. L'impéritie des chefs et l'inexpérience des soldats nous ont coûté un nombre incalculable d'hommes, tant que la relève des régiments employés en Afrique imposa de nouvelles pertes aux unités tirées des garnisons de France. Jusqu'en 1840, enfermée dans ses lignes qui ne dépassaient pas les banlieues des ports d'Alger, d'Oran et de Bône, plus que décimée par la fièvre qui faisait entrer cinquante hommes par jour aux hôpitaux, l'armée n'avait pas la confiance qui rehausse les cœurs. Le commandement ne montrait ni vigueur ni décision; le soldat ne se sentait pas conduit; l'officier se négligeait; de là le désordre, le découragement, la défaillance. Ce n'est qu'avec Bugeaud, devenu gouverneur général de l'Algérie en 1840, que la conquête de l'Algérie fut assurée. La sélection, tant par le feu de l'ennemi que par les fatigues et la maladie, n'avait conservé dans les rangs que les éléments les plus vigoureux; sous des chefs actifs, résolus, qui avaient appris à connaître les Arabes, les troupes acquirent un moral qui n'a jamais été surpassé; mais à quel prix!

L'expérience avait démontré que, pour combattre les Arabes, il est indispensable de se servir de troupes recrutées parmi les indigènes pour soumettre leurs coreligionnaires. Dans l'état inorganique de ce peuple, chez qui le groupe social ne dépassait pas la tribu, il nous était facile de trouver des alliés qui viendraient à nous, guidés par leur intérêt. C'était le procédé qui avait assuré la domination turque. L'état de guerre était chez les Barbaresques naturel, général et permanent, consacré par la tradition et les mœurs. Arabes contre Berbères, Berbères ou Arabes entre eux s'attaquaient et se pillaient à qui mieux mieux. Les instincts batailleurs des tribus favorisaient le recrutement de mercenaires musulmans. L'idée était juste; et c'est à sa réalisation que nous devons la conquête de l'Algérie. Mais

---

rembarquèrent. El-Hadj-Hamed, bey de Constantine, avait été destitué le 15 décembre, par le général Clausel, mais les Tunisiens n'y parurent jamais et c'est en 1837 seulement que fut renversé le bey El-Hadj-Hamed, après la prise de cette ville par nos troupes.

il nous a fallu du temps pour reconnaître ces vérités, car la conquête de l'Algérie ne nous a été assurée que par la soumission de la Grande-Kabylie, obtenue grâce à l'expédition de 1857.

Les temps sont changés, car la pacification de la Chaouïa a été obtenue en quelques mois par le général d'Amade, en 1908; et quinze jours ont suffi, en 1911, pour délivrer le Gouvernement chérifien assiégé dans Fez.

Pour pacifier le Maroc, nous possédons, en notre armée d'Afrique et coloniale, l'instrument nécessaire; et l'Algérie nous fournira le personnel capable d'organiser au Maroc l'armée, l'administration, les finances et de constituer un gouvernement viable.

OUVERTURE DE LA ROUTE DE MEKNÈS A RABAT

(JUIN 1911)

Le général Moinier, après une semaine de séjour à Fez, en partait le 22 juin et rentrait le 25 à Meknès, où le quartier général du commandant en chef se trouve désormais transféré. Il laissait provisoirement à Fez, comme garnison, un bataillon, un escadron et une batterie.

Au cours des trois étapes qui les ramenaient à Meknès, nos troupes n'ont été l'objet d'aucun acte d'hostilité. Toutes les tribus de la plaine du Saïs peuvent être considérées comme soumises. Elles affirment n'avoir pris les armes que contraintes et forcées, sous la menace d'être razziées par les Beni-Mtir. Ceux-ci d'ailleurs, quoique très éprouvés dans tous les combats qu'ils ont soutenus contre nos troupes, tiennent encore la campagne; mais leur hostilité n'est pas irréductible, elle leur est imposée par les Beni-M'gild et les Zaïan qui craignent qu'après avoir obtenu la soumission des Beni-Mtir nos troupes ne viennent exercer une action répressive sur leur propre territoire.

Dès l'arrivée du général Moinier à Meknès, les Beni-Mtir lui envoyaient des négociateurs. Le fils d'Akka-Bou-Dmani, l'un de leurs principaux caïds, se présentait au général, demandant pour son père l'autorisation de venir discuter les conditions de sa soumission. Le commandant en chef répondit qu'il attendrait Akka-Bou-Dmani le 26 juin. Mais ce caïd, l'un des plus compromis, ne se présenta ni ne se fit excuser. On sut qu'avec deux autres caïds des plus hostiles, organisateurs de l'investissement de Fez qui a rendu notre intervention nécessaire, il s'était réfugié dans les repaires du moyen Atlas, chez les Zaïan (1).

Laissant à la garde de Meknès trois compagnies d'infanterie coloniale et une batterie, le général Moinier en partait le 27 juin avec les colonnes Gouraud et Brulard. Il franchissait sans coup férir 50 kilomètres, pour gagner El-Hajeb, ancienne casbah du

(1) Des six principaux caïds des Beni-Mtir, trois ont fait leur soumission et les trois autres se sont réfugiés chez les Beni-M'gild avec quelques rares fidèles.

maghzen, abandonnée depuis plusieurs années. Juchée à plus de 800 mètres d'altitude, il fallut pour y arriver, pousser notre artillerie par des sentiers de chèvres; mais, à l'apparition de nos canons sur le plateau, les Beni-Mtir de la montagne restèrent aussi paisibles que ceux de la plaine et toutes les tribus demandèrent l'aman. Les conditions en seront discutées à Fez avec le sultan. Il importe que les tribus berbères qui entourent Fez et Meknès reprennent en paix leurs travaux agricoles et soient à l'abri des razzias des tribus montagnardes irréductibles. Dans ce but, le général Moinier fait occuper de nouveau la casbah d'El-Hajeb (1) qui, de temps immémorial, contenait les populations sauvages du moyen Atlas. Il y laisse 1.200 hommes et une batterie de 80 de montagne, tirés des troupes chérifiennes et commandés par le capitaine Le Glay, officier instructeur de la mission dirigée par le lieutenant-colonel Mangin. Cette garnison comprend le tabor d'élite du vaillant caïd Brahim-Bou-Aouda, le premier Marocain qui ait été proposé pour la Légion d'honneur et qui fut le plus précieux collaborateur indigène du commandant Brémond, au cours des mémorables opérations de la mehalla commandée par cet officier supérieur, en mars, avril et mai.

La casbah d'El-Hajeb est tenue en communication constante avec Meknès, grâce à l'installation d'un poste de télégraphie optique.

Après avoir organisé le poste d'El-Hajeb, le général Moinier ramenait ses troupes à Meknès, le 28 juin, et leur donnait un repos de trois jours dont elles avaient grand besoin, en raison des fatigues supportées par une température accablante (42° à l'ombre); la tente-abri du soldat, dressée sur un sol brûlant, devient une étuve. On s'efforcera de ne marcher que de nuit, afin d'établir les troupes au bivouac avant la plus grande chaleur du jour.

Entre temps, on signalait des conciliabules engagés par les tribus limitrophes de la forêt de Mamora qui sont divisées au sujet de l'attitude à prendre quand nos colonnes, après avoir achevé

(1) C'est un vaste quadrilatère aux épaisses murailles bastionnées et crénelées, se dressant sur une forte assise rocheuse, taillée sur les flancs de la montagne.

leur œuvre de pacification, passeront sur leurs territoires pour retourner dans la Chaouïa et exercer en cours de route la répression de l'attentat, commis par les Zaer le 14 janvier 1911, qui a eu pour conséquence l'intervention armée de la France au Maroc.

Le général Moinier a, en effet, pour objectif d'ouvrir la route de Meknès à Rabat, de soumettre les Zemmour en passant, et de se concerter avec le général Ditte qui commande à Rabat, pour expurger la forêt de Mamora des bandes de pillards dont elle est infestée.

Le général en chef est reparti de Meknès, le 2 juillet, avec les brigades Dalbiez, Gouraud et Brulard. Traversant le territoire des Guerouane actuellement pacifié, les troupes établirent leur bivouac à Aïn-Orna (20 kilomètres ouest de Meknès) (1).

Le lendemain 3 juillet, le général Moinier se porta sur l'oued Beth qui arrose le territoire des Zemmour restés irréductibles. Pendant cette marche, dans un terrain couvert et très accidenté, la colonne Gouraud, qui, chargée de piloter le convoi, faisait l'arrière-garde, éprouvant de grandes difficultés dues au terrain, fut distancée par la colonne Brulard qui la précédait. Des contingents des Zemmour en profitèrent pour se glisser entre les deux colonnes et attaquèrent en queue celle du colonel Brulard. Le combat dura de 8 heures à midi, sans grand dommage de notre part, et les Zemmour furent mis en déroute par l'artillerie du colonel Gouraud à son arrivée. Les assaillants s'enfuirent dans toutes les directions, abandonnant de nombreux morts. Ce combat coûtait au colonel Gouraud deux indigènes tués, l'un du goum algérien, l'autre de la Chaouïa.

Les troupes s'établirent le soir à la casbah d'Aït-Rabbou. Le combat du 3 prouve qu'il ne faut attribuer qu'une valeur relative aux protestations d'amitié des Zemmour, car, parmi les contingents qui avaient pris les armes contre nous, se trouvaient des notables venus la veille pour apporter leur soumission. L'emploi

(1) C'est là que les émissaires des Zemmour convoqués par le commandant en chef pour qu'il leur donnât connaissance des conditions auxquelles le sultan leur consentirait l'aman, répondirent aux exhortations du général que leurs tribus étaient habituées à recevoir des subsides du maghzen, pour le reconnaître, mais non à payer des contributions.

de la « manière forte » eut un meilleur résultat, car tous ceux dont les douars avaient été incendiés pendant le combat vinrent demander l'aman le 4 juillet.

Le général profite des journées du 4 et du 5 pour établir, sur la rive droite de l'oued Beth, un poste fortifié, à Souk-el-Arba-Aït-Sibeur, qui est occupé par six compagnies de tirailleurs, un demi-escadron de spahis, une section de mitrailleuses, trois pièces de 75 et une ambulance. Il est commandé par le lieutenant colonel de La Varenne.

Le 6 juillet, la colonne se porte à Souk el-Kemisset, marché situé à 18 kilomètres à l'ouest.

Le 7 amena nos troupes à 25 kilomètres plus loin, à Tiflet, où le campement fut établi sans incident, bien que des cavaliers des Zaïan et des Zaer aient accompagné la marche de la colonne en tirant des coups de fusil sur ses flancs; l'artillerie, qui les tenait à distance respectueuse, ne tarda pas à les disperser.

De son côté, le général Ditte avec les troupes venant de Rabat était arrivé au marabout d'Ali-el-Barraoui, près de l'oued Zili, à 35 kilomètres de Tiflet. Il fit sa jonction avec le général Moinier le 8 juillet, à Tiflet. Les communications entre Meknès et Rabat se trouvent assurées. Les troupes ont parcouru le territoire des Zemmour avec une grande facilité, malgré le mauvais état des pistes qui a donné beaucoup de mal aux convoyeurs. Les habitants des territoires traversés par nos colonnes ont fait leur soumission, mais les tribus dont l'habitat est situé au sud de la route parcourue restent, jusqu'à présent, irréductibles. La pacification n'est pas encore définitive à beaucoup près. Or, pour assurer le libre passage de nos colonnes de ravitaillement par les deux routes de Rabat à Fez par Knitra, Lalla-Ito, Hadjer-el-Ouagef et Nzalet-el-Oudaïa, au nord, et par Si-Ali-el-Barraoui, Tiflet, Souk-el-Arba-Aït-Sibeur et Meknès, au sud, il a fallu laisser des garnisons dans les postes fortifiés devenus gîtes d'étape. Les troupes disponibles pour les opérations militaires sont réduites à 6.500 hommes (1).

(1) Effectifs à la disposition du général Moinier à la date du 7 juillet : colonne Dalbiez : 69 officiers, 772 soldats français, 1.200 indigènes, 128 goumiers, soit 2.170

La tribu des Ahmar, qui groupe les bandits vivant de rapine sur les confins de la forêt de Mamora, a, il est vrai, demandé l'aman. Ses délégués ont souscrit aux conditions imposées par le général Moinier : indemnité de 60.000 francs à payer pour l'enlèvement de 250 chameaux chargés de vivres et de matériel, restitution du cheval et des armes du lieutenant Monod tué le 23 mai, livraison de 800 fusils, etc. Mais nombreux sont encore les Ahmar dissidents, car, au cours des négociations, ils attaquaient un convoi civil appartenant à des Français. Il est donc absolument nécessaire d'en finir et d'exercer une répression sérieuse à l'encontre de tous les groupes indigènes irréductibles ou suspects de jouer double jeu; et le renforcement de nos troupes d'opérations s'impose d'autant plus que l'état sanitaire comporte une certaine gravité; la dysenterie et la fièvre typhoïde commencent à éprouver les troupes françaises, tandis que nos soldats algériens restent indemnes jusqu'à présent. Cette indication démontre une fois de plus que c'est au 19e corps et à la division de Tunisie que le Gouvernement doit faire appel pour renforcer les troupes d'occupation du Maroc.

Le général Moinier a fait son entrée à Rabat le 10 juillet. Il s'est embarqué sur le *Forbin*, le 11, pour Casablanca, où il a été fêté avec enthousiasme, le 14 juillet, par la population, sans distinction de races, sans compter les félicitations officielles.

Le général Dalbiez auquel le général Moinier a laissé le commandement, à Tiflet, reste chargé d'assurer les communications avec Meknès. Un premier convoi de ravitaillement a été dirigé sur cette ville le 12. Il y est arrivé sans incident le 15.

On annonce de Fez, le 20 juillet, que le caïd Akka-Bou-Dmani, chef de la fraction la plus récalcitrante des Beni Mtir, a fait sa soumission; celle de toute cette tribu peut être considérée comme définitive.

Le général Ditte a reçu également des offres de soumission de la part des Ouled-Mimoun, fraction des Zaer des environs de Rabat.

---

combattants; colonne Brulard : 71 officiers, 838 Français, 774 indigènes, soit 1.783 combattants; colonne Gouraud, 75 officiers, 991 Français, 647 Sénégalais, 727 goumiers, soit 2.480 combattants.

A la date du 17 juillet, le corps expéditionnaire a été réparti en trois secteurs :

1° *Medhyia,* sous le commandement du général Ditte. Ce territoire comprend, avec Mehdyia pour base, les postes de Lalla-Ito, Sidi-Gueddar, Rabat, Salé, Monod, Tiflet, Souk-el-Arba-Aït-Sibeur, Zemmour. Les troupes placées sous les ordres du général Ditte sont : deux bataillons de zouaves, quatre d'infanterie coloniale, quatre de tirailleurs, un bataillon et demi de Sénégalais, trois escadrons de chasseurs d'Afrique, un escadron et demi du 2e spahis, le 2e goum algérien, trois batteries d'artillerie montée, une de montagne, deux compagnies et demie du génie, détachements de télégraphistes et des différents services;

2° *Meknès,* sous le commandement du général Dalbiez. Ce territoire comprend Fez, Meknès et le poste de Petitjean, il est gardé par deux bataillons d'infanterie coloniale, trois de tirailleurs, un de la légion (monté), un de Sénégalais, six goums à pied de la Chaouïa, un escadron et demi de spahis, le 1er goum algérien, six pelotons du goum de la Chaouïa, deux batteries d'artillerie montée, une de montagne, une compagnie du génie, détachements de télégraphistes et des différents services;

3° *Chaouïa,* aux ordres du colonel Branlière, qui dispose des troupes suivantes : deux bataillons de zouaves, deux de tirailleurs, un d'infanterie légère d'Afrique, un demi-bataillon de Sénégalais et un demi-bataillon de la légion, deux escadrons de chasseurs d'Afrique, un de spahis, deux batteries d'artillerie montée, une section de montagne, détachements du génie et des différents services.

Vers la fin de juillet, on signalait au sud-est de Tiflet des rassemblements de Zemmour en vue d'une nouvelle offensive concertée avec les Zaïan. Il semble que la crainte inspirée par les garnisons des postes qui jalonnent la ligne d'étapes de Rabat à Meknès, les a retenus. Le général Dalbiez, en effet, rentrait à Fez le 1er août, sans incident, pour faire évacuer sur la Chaouïa toutes les troupes métropolitaines. Seuls, nos soldats indigènes restent chargés d'assurer les communications entre Fez, Meknès et Rabat.

OPÉRATIONS CONTRE LES ZAER

(JUILLET-AOUT 1911)

Le colonel Branlière quittait Casablanca le 5 juillet et concentrait au camp de Boulhaut les troupes destinées à châtier les Zaer. Le 10, après avoir franchi l'oued Korifla, il s'arrêtait à Dar-Djilali près de Merchouch, en passant sur le lieu de l'attentat qui nous coûta la vie du lieutenant Marchand, du maréchal des logis Hivert et de six goumiers le 14 janvier 1911.

Cependant le colonel Branlière recevait l'ordre de suspendre les hostilités et de se borner à occuper la casbah de Merchouch, d'où il négocierait la soumission des Zaer dissidents. Les plus importantes fractions de cette tribu sont venues, en effet, demander l'aman. Néanmoins, pendant leur marche, nos troupes ont eu à répondre à quelques attaques de groupes isolés.

Le territoire des Zaer est entouré par un cercle de troupes cantonnées à Merchouch, Rabat et Tiflet et prêtes à infliger aux dissidents le châtiment nécessaire. Le Gouvernement donnait pour prétexte à la suspension de cette opération l'élévation de la température et les pourparlers diplomatiques engagés à propos de l'incident d'Agadir.

Mais les faits allaient promptement démontrer l'inanité de ces précautions oratoires, car à cette date même du 10 juillet, vers 2h 30 de l'après-midi, un rassemblement de cavaliers ennemis était signalé à 3 kilomètres du camp de Dar-Djilali. Une reconnaissance de nos goumiers, accueillie à coups de fusil, dut se replier. Le feu d'une section de 75 et le déploiement de quelque infanterie mirent les dissidents en fuite. Les troupes engagées rentraient à 5 heures.

Le 11 juillet, un convoi parti d'Argouf-Soltani, sous escorte d'une compagnie de la légion, devait rejoindre Dar-Djilali. Le colonel Branlière, averti, envoya à la rencontre du convoi, un bataillon de la légion, une section d'artillerie, un peloton de spahis et un goum, dès 5 heures du matin, sous les ordres du commandant Giralt qui se porta sur Aïn-Sebbah. Son détachement joignait le convoi à 8 heures, sur les hauteurs d'El-Zitoun. Le voyant suivi, à distance respectueuse d'ailleurs, par des cavaliers ennemis, cet officier supérieur leur fit donner la chasse. Mais de nouveaux groupes de dissidents, survenus en grand nombre, tentèrent une attaque sur le flanc gauche du convoi. Marchant aussitôt au canon, le colonel Branlière arrivait avec du renfort à 10^{h} 30. Les Zaer mis en fuite laissaient 150 morts sur le terrain. Nos pertes étaient de 2 tués et 10 blessés dont le lieutenant Tarrit, tous de la légion.

Ce même jour le commandant Giralt se portait sur la casbah de Merchouch qu'il trouvait abandonnée. Elle fut dynamitée pour priver les Zaer de ce repaire.

Le 12 juillet, les troupes bivouaquées sur le plateau au nord d'Aïn-Sebbah étaient attaquées par des dissidents venus de l'est. La section de 65 du lieutenant Meaux (1) ouvrit le feu sur l'ennemi qui, enhardi par la retraite des goumiers envoyés pour le reconnaître, prononçait une attaque assez vive. Arrêtés à 400 mètres par le feu de la section de montagne qu'une section de 75 venait renforcer, et par les salves des soutiens d'infanterie, les dissidents s'éparpillaient au loin, sans toutefois disparaître. A 5^{h} 45, une sortie fut effectuée pour en avoir raison. Menacés d'être pris à revers, ils s'enfuirent précipitamment laissant leurs morts sur le terrain : la poursuite cessait à 7 heures. Nos pertes étaient de 2 tués et 6 blessés dont deux officiers, l'un d'eux, le capitaine Morat du 2e étranger, très grièvement (2).

Les Zaer, dès cette époque, manifestaient l'intention de se soumettre, mais, terrorisés par les tribus dissidentes, ils en étaient empêchés par la crainte de représailles. Pour les rassurer, le colonel Branlière, malgré la température accablante, fit rayonner des colonnes dans tous les sens, à 30 kilomètres environ d'Aïn-Sebbah; cette mesure détermina les ouled Khalifa, Mimoun et Kettir à demander l'aman. Le 24, parcourant les monts Sebbara, cet officier supérieur recevait la soumission des ouled Amiran, sous condition de prendre part à la répression contre les fauteurs de l'attentat du 14 janvier 1911.

(1) Frère du lieutenant de ce nom tué au Maroc le 18 février 1910.

(2) Cet officier qui avait un poumon perforé a heureusement survécu à cette terrible blessure.

Le 30 juillet, le colonel Branlière ramenait ses troupes au camp de Boulhaut, après avoir pacifié la plus grande partie des Zaer, laissant pour les surveiller un camp d'observation à Aïn-Sebbah Les Beni-Haken et les Nedja, sur la limite des Zaer et des Zemmour, restent irréductibles et refusent d'entrer en rapport avec nos officiers. Ils paraissent cependant peu agressifs et laissent circuler nos convois, bien escortés d'ailleurs.

Le colonel Branlière a été promu, le 31 juillet, au grade de général de brigade.

La situation se maintient satisfaisante pendant le mois d'août. Les délégués des Zaer viennent chaque jour opérer, entre les mains de l'autorité militaire, la restitution des armes, chevaux et objets divers enlevés aux victimes du guet-apens de Merchouch, et le versement de l'amende de guerre dont les tribus ont été frappées. L'apaisement s'est étendu chez les Segrana et les Nefta, au sud de la Chaouïa.

Profitant du calme qui paraît s'accentuer, le général Ditte a pu assurer la sécurité, momentanée pour le moins, de la piste qui mène directement de Rabat en Chaouïa et qu'une reconnaissance avait pu parcourir dès le 27 juillet, sans être inquiétée.

Le général Moinier revenait, le 13 août, à Rabat, pour inspecter ses lignes d'étapes et continuer l'œuvre de pacification des tribus; il était rejoint le 14, à Dayat-Roumi, par le général Ditte, et le 15, par le général Dalbiez venant de Meknès.

L'escorte du général Moinier, parti le 18 pour le camp Marchand (1), nouvellement installé au nord de la casbah de Merchouch, fut attaquée à Guelta-Erhla, par un parti de Zaer dissidents. L'avant-garde, formée par le goum algérien de Khenchela, sous les ordres du capitaine Fournier, les mit en fuite dans la direction du Bou-Regreg, après un combat assez vif qui coûtait aux goumiers 7 tués et 8 blessés, ainsi qu'un spahi et un Sénégalais. Après son inspection du camp Marchand, le 19, le

---

(1) Le camp Marchand a été installé par le général Ditte à 35 kilomètres au sud de Tiflet, au confluent de l'oued Grou et du Bou-Regreg. Le général Ditte a pour mission de recevoir les soumissions des tribus de la région comprise entre ces deux cours d'eau. Ces tribus, jusqu'alors indépendantes, sont lentes à reconnaître la nécessité de se soumettre à l'autorité du Sultan et de son maghzen.

général en chef rentrait à Guelta, le 20, tandis que le général Ditte remontait vers Rabat, par Mametz et Bein-el-Ouidan.

Le général Moinier était à Souk-el-Arba, le 25 août, occupé à recevoir la soumission des Zemmour, dont une seule tribu, celle des Houderane, restée dissidente, s'est retirée devant nos soldats en tirant quelques coups de fusil.

D'autre part, à Meknès, Hamman ou Lassan, un des principaux chefs des Beni-Mtir pendant l'insurrection, s'est présenté aux autorités françaises qui l'ont envoyé à Fez où il a obtenu l'aman du sultan. Un chérif influent des Zaïan, Moulaï-Ali-Abd-el-Ouaed, s'est présenté à Meknès également, offrant de servir d'intermédiaire entre le maghzen et Hammon-Zaïani, chef de la confédération des Zaïan; il a reçu des lettres officielles l'accréditant dans ce but.

L'œuvre de pacification a fait de sérieux progrès : il ne faudrait pas cependant compter sur les protestations de fidélité des tribus, tant que les procédés fiscaux du maghzen viendront démentir les promesses faites en son nom par l'autorité française pour amener ses sujets insurgés à se soumettre. Cette situation fausse, aux yeux des indigènes, le caractère et le sens de notre intervention (1). D'autre part, une réunion des délégués des Aït-Youssi, Beni-Snassen et Beni-Ouarain, après de longs palabres, aurait décidé de reprendre les hostilités, après le rhamadan, à la fin de septembre.

Le général Moinier est rentré à Meknès le 27 août. Il arrivait à Fez le 31 avec le général Dalbiez qu'il envoyait à Sefrou, le 4 septembre, pour y installer une garnison chérifienne commandée par le lieutenant Hugot-Derville. Au camp de Aioum-Smar le général Dalbiez a reçu les caïds des Aït-Segrouchen et des Aït-Youssi du nord, venus pour faire acte de soumission; il est rentré le 7 septembre à Fez et est retourné à Meknès le surlendemain.

***

(1) On signale l'agitation des tribus du Haouz, dans la région de Marakech, motivée par les extorsions des agents du maghzen (*Temps*, 25 août).

L'intervention imprévue de l'Allemagne au Maroc, manifestée par l'envoi d'un cuirassé allemand à Agadir, a ouvert une discussion diplomatique entre le Gouvernement impérial et la France, dès le 1er juillet. Les interlocuteurs se sont réunis à de larges intervalles, sans se mettre d'accord et sans rien confier au public de leur dialogue intermittent.

La presse des deux pays a fait assaut de pronostics, tantôt belliqueux et tantôt pacifiques, mais la conversation officielle n'a pas justifié, par la rapidité du résultat, le mystère dont elle s'était enveloppée.

Nous avons appris, le 18 août, que les négociateurs se séparaient sans avoir rien conclu. Notre ambassadeur à Berlin, M. Cambon, rentrait en France, et M. de Kiderlen-Wæchter, son antagoniste, se rendait en Suisse, en villégiature. On annonçait d'ailleurs que les pourparlers reprendraient à la fin du mois d'août.

D'après ce qui a transpiré des chancelleries, l'Allemagne, pour laisser la France libre d'agir au Maroc, lui réclamerait la cession d'une partie de notre territoire colonial. Mais, au lieu de préciser l'importance de ce qu'elle nous offre, elle se borne à déprécier ce qu'elle nous demande en échange, et discute âprement sur le prix à payer, sans fixer la valeur de la marchandise vendue.

Si la suspension des négociations engagées entre la France et l'Allemagne doit aboutir à un échec, nous n'avons qu'à faire appel aux puissances signataires de l'acte d'Algésiras. C'est d'elles que nous avons reçu le mandat de pacifier le Maroc, à la demande de l'empereur d'Allemagne qui, en mars 1905, dans son discours de Tanger, proclamait le sultan du Maroc « comme souverain indépendant ». Ces paroles impériales définissent très justement le point de vue français.

Si l'on n'arrive pas à rédiger un nouvel accord franco-allemand, analogue à celui de février 1909, destiné comme lui à faciliter l'exécution de l'acte d'Algésiras, il est parfaitement oiseux et inutile de prolonger un tête-à-tête irritant ; et le seul moyen d'en finir pacifiquement c'est d'en appeler à l'Europe, seule qualifiée pour défaire ce qu'elle a fait.

ERREURS ET ENSEIGNEMENTS

Toute campagne de guerre comporte des enseignements, et si des opérations bien conduites sont intéressantes à étudier, il n'est pas moins utile de signaler les fautes commises, afin d'éviter leur renouvellement.

Ce sont les précédents cabinets qui sont responsables des erreurs que nous avons à relever : ils avaient un devoir précis et limité, celui de punir les assassins du lieutenant Marchand et des soldats victimes du guet-apens du 14 janvier 1911. Ils ont eu le tort de se dérober à cette obligation en laissant à Moulaï-Hafid le soin d'exercer la répression. Mais le maghzen, lui-même investi dans sa capitale par les tribus révoltées, loin de pouvoir venger nos morts, était obligé de réclamer notre concours. L'abstention fâcheuse du Gouvernement français, connue au Maroc avec cette rapidité de transmission qui caractérise les pays musulmans, déterminait l'insurrection des tribus berbères. Or, ce n'était pas là un phénomène nouveau et surprenant, car on n'a que l'embarras du choix parmi tant de précédents ! En janvier 1907, le Gouvernement tarde, sans raison, à réclamer les satisfactions dues à ses nationaux, et quelques semaines plus tard, des provocations caractérisées nous obligent à occuper Oudjda, et à débarquer à Casablanca un corps expéditionnaire.

Ce corps, sur les instructions envoyées de Paris, observe une défensive passive, et, quand il cherche à se donner de l'air, on punit les officiers de cavalerie chargés de reconnaître l'ennemi, sous le prétexte qu'ils se sont trop avancés (1). Cette timidité apparente nous force, quelques semaines plus tard, à doubler nos effectifs et à occuper toute la Chaouïa.

Le 27 août 1907, M. Jonnart révèle le danger qui résulte de l'immobilité prescrite à la garnison d'Oudjda. Cinq mois après

---

(1) Colonel Halna du Frétay, en octobre 1907. L'idée d'envoyer reconnaître l'ennemi en fixant le point que ne devra pas dépasser le chef de la reconnaissance, même s'il n'a rencontré aucun ennemi dans la zone indiquée, rappelle les plus déplorables exemples de 1870 où la mission des pointes d'officiers consistait non pas à prendre le contact de l'ennemi, mais à parcourir un nombre déterminé de kilomètres !

les Beni-Snassen, en violant la frontière oranaise, nous imposent l'obligation de conduire contre eux une expédition, merveilleusement menée d'ailleurs par le général Lyautey.

Plus au sud, l'inaction de nos postes nous prépare la sanglante surprise de Menaba; et en 1908 il faut envoyer à Bou-Denib une forte colonne pour réprimer l'invasion des Berabers. La formation de la harka de Moulaï-Hassen était signalée depuis trois mois; mais, au lieu de marcher sur elle et de l'écraser, on la laissait « par ordre » grossir et prendre confiance dans sa force.

Sur tous les points, à l'est comme à l'ouest, la faiblesse du Gouvernement prépare des échecs qui commanderont de nouveaux efforts : « Ne soyez pas agressifs », télégraphient les ministres civils ou militaires, et c'est ainsi que se produisent des expéditions dont l'importance déconcerte les prévisions gouvernementales, et qu'il eût été facile d'éviter en montrant plus d'énergie au début.

Les résultats négatifs que nous a valus le rôle passif imposé à la division Toutée, sur la Moulouïa, ne sont pas de nature à infirmer la valeur de ces conclusions !

L'ARMÉE COLONIALE

Le Gouvernement avait annoncé officiellement, le 22 avril, que le général Moinier arriverait à Fez, du 3 au 5 mai, au plus tard. Il n'y est entré que le 21. Cependant, la *colonne de secours* débarquée à Casablanca et à Medhyia, était concentrée à Knitra, à 40 kilomètres en avant de Rabat, sur la route de Fez, dès le 29 avril; elle n'avait plus que 160 kilomètres à parcourir, pour gagner cette capitale, mais elle ne put se porter en avant que le 11 mai, jusqu'à Lalla-Ito, et n'en repartit que le 16. La principale cause de ces retards est due au défaut d'organisation de nos troupes coloniales, qui, malgré le maintien dans les garnisons de la métropole de douze régiments d'infanterie coloniale, n'ont pu fournir que des unités *de marche* prélevées « *par petits paquets* » au moyen de détachements tirés de Toulon, Perpignan, Rochefort, Brest, Cherbourg et Paris. Encore n'a-t-on pu former ces bataillons (au nombre de six) qu'à l'effectif de 600 hommes, soit 120 fusils par compagnie. Bien mieux, ces bataillons étaient dépourvus de tout matériel pour faire campagne en Afrique. Aux critiques formulées par la presse, le ministre de la Guerre répondait par la note suivante, du 3 mai :

« Certaines dépêches formulent des critiques au sujet de la formation des éléments du corps de Casablanca. Ces critiques de détail ne paraissent pas fondées. L'essentiel était d'abord d'envoyer les unités, tout en hâtant l'expédition du matériel et des animaux. En garnison, les bataillons n'ont pas d'animaux. En cas de mobilisation, ils les trouvent par la réquisition. Ici, on a dû prendre des mulets en Algérie, en les achetant en grande quantité. Il était impossible d'envoyer tout en même temps. Les bateaux ont été d'abord utilisés pour le transport des troupes. Quant aux ambulances et aux services de l'arrière, ils ont suivi selon les disponibilités d'embarquement, au fur et à mesure des achats d'animaux. On ne doit pas perdre de vue qu'il n'est pas possible, à Casablanca, de débarquer plus d'un navire par jour. Avec la nouvelle hausse on peut tirer la balle D ou la balle

1886 (1). Il suffit avec cette dernière balle de faire la correction réglementaire. » Et l'organe des bureaux de la Guerre concluait triomphalement :

« D'ailleurs, ce qui juge la question, c'est que depuis le commencement aucune réclamation d'aucune sorte n'est parvenue au ministère, émanant des commandants des troupes. »

Cette réfutation, qui est un aveu du résultat de longues années d'imprévoyance, prouve que nos ministres de la Guerre n'ont, en matière d'expéditions coloniales, aucunement tenu compte des leçons de l'expérience. Le fâcheux désarroi dont la campagne de Madagascar avait fourni la preuve, en 1895, et dont l'opinion publique s'était émue, n'avait pas troublé la quiétude des bureaucrates. Il est superflu de citer des exemples d'incurie tels que l'envoi d'un caporal de Perpignan à Grenoble pour chercher les mulets destinés à atteler une section de mitrailleuses du 24e colonial. Si nous remontons de l'effet à la cause, nous sommes forcés de reconnaître que l'emploi de nos forces militaires, au lieu d'être guidé par la vue nette du rôle de la France dans le monde, a été soumis, au jour le jour, aux fluctuations de notre politique intérieure.

La France est à la fois puissance continentale et puissance coloniale. Elle a donc besoin de deux armées distinctes, l'une destinée à défendre le territoire national, l'autre préposée à la garde de ses colonies et à assurer leur possession effective.

Ces deux armées qui lui sont indispensables, non seulement elle les possède, mais encore elle est *seule* à les posséder. Et cependant, il semble que ni le Gouvernement ni l'opinion ne se rendent compte que ces deux armées, l'une et l'autre adéquates à leur objet, recrutées et constituées à des fins différentes et selon des principes contraires, doivent être instruites et entraînées en vue de leur rôle spécial.

La loi du 21 mars 1905, en réduisant à deux ans la durée du service actif, ne permet plus d'employer les contingents du service obligatoire aux expéditions coloniales. Ils constituent l'armée de la *défense nationale* dont le but est parfaitement défini

(1) Il n'avait pas été possible d'assurer l'approvisionnement des troupes en munitions sans recourir aux cartouches d'ancien modèle, ce dont on s'était plaint à juste titre.

et délimité : c'est une *armée-école* où tous les citoyens français, moralement dignes et physiquement capables, reçoivent l'instruction militaire pendant deux ans. Ils y sont rappelés en temps de paix, à plusieurs années d'intervalle, pour des périodes d'instruction; en cas de guerre, ils rejoignent tous le corps auquel ils sont affectés à la mobilisation, jusqu'à l'âge de quarante-cinq ans.

Il est de toute évidence que cette armée de la défense nationale ne peut prendre part à des expéditions lointaines. A ce point de vue, la loi de 1905 a réalisé un grand progrès, car c'est précisément la participation d'unités métropolitaines aux campagnes de Tunisie (1881) et du Tonkin (1885), sous le régime du service de cinq ans, et de Madagascar (1895), sous celui de trois ans, qui, en raison des pertes qu'elles ont éprouvées, a rendu notre politique coloniale impopulaire en France.

Or, il se trouve que notre domaine colonial a pris, depuis une trentaine d'années, une énorme extension. Sa population dépasse aujourd'hui celle de la métropole. Il faut donc à la France une armée spécialisée pour la défense de notre empire d'outre-mer. Cette armée, nous l'avons, et elle est de premier ordre, car nous trouvons sur place des ressources de recrutement d'excellente qualité parmi nos indigènes de toutes races, auxquels l'instruction militaire et la discipline acquises n'ont rien fait perdre de leurs instincts guerriers ataviques.

A ces éléments exotiques, nous n'avons à donner que des cadres. Mais, quand on occupe des territoires conquis, quel que soit le loyalisme des natifs, il est nécessaire d'y entretenir en permanence une réserve de troupes nationales solidement constituée au moyen de soldats de carrière, volontaires et rengagés.

Notre armée coloniale (1) existe : mais, par une inconcevable

(1) Il faut comprendre dans l'*armée coloniale* non seulement les anciens régiments d'infanterie et d'artillerie de marine que la loi du 17 juillet 1900 a fait passer de la Marine à la Guerre sous le nom d'infanterie et d'artillerie coloniales, ainsi que les troupes recrutées en Indo-Chine, en Afrique occidentale et équatoriale, au Soudan, au Sénégal, à Madagascar, etc., mais aussi notre ancienne armée d'Afrique : régiments algériens et tunisiens (tirailleurs et spahis) et la légion étrangère, ainsi que les zouaves et les chasseurs d'Afrique, bien qu'ils appartiennent à l'armée *nationale* étant recrutés d'appelés du service obligatoire. Mais les engagés et les rengagés y viennent nombreux, attirés par la vieille et glorieuse réputation de ces régiments auxquels l'esprit de corps conserve une allure toute spéciale. Ils encadrent également les sujets français, algé-

méconnaissance du rôle auquel elle est normalement destinée, trois propositions désastreuses, émanant de l'initiative parlementaire, sont venues bouleverser toute l'économie de notre organisation militaire :

1° Le maintien en France des régiments coloniaux;

2° L'imposition du service militaire obligatoire aux indigènes musulmans d'Algérie;

3° La constitution d'une armée noire recrutée dans nos possessions d'Afrique.

Ces trois propositions étaient inspirées par le désir de compenser la diminution, annuellement constatée des contingents, due à la faiblesse de la natalité française, en renforçant l'armée du service obligatoire au moyen de l'armée de métier destinée à défendre notre empire colonial.

La première de ces mesures a seule été exécutée jusqu'à présent et les résultats sont concluants, puisque des douze régiments coloniaux maintenus en France *aucun n'a pu fournir un bataillon à l'effectif de guerre.*

---

riens et tunisiens parmi lesquels les fils de colons fournissent d'excellents sujets, acclimatés, connaissant les Arabes, parlant leur langue, et dont les services nous sont précieux. Ce contingent algérien, contrairement à celui de la métropole qui décroît, augmente chaque année; le nombre des appelés de la classe 1910 dépasse 6.000 hommes. Or, précisément, une décision récente vient de prescrire l'incorporation des Algériens dans les régiments de la métropole, ce qui nécessitera l'envoi en Algérie d'un nombre correspondant de recrues tirées des départements français. C'est à tout le moins une hérésie, au point de vue de la mobilisation, et de plus une source de dépenses inutiles. Aux zouaves et aux chasseurs d'Afrique, il y a lieu d'ajouter les groupes d'artillerie d'Algérie, le génie, le train et les services recrutés d'après la loi de 1905. Il est utile de constater que ces soldats du service de deux ans ont, depuis 1907, prouvé au Maroc, sans doute en vertu de l'ambiance militaire africaine, qu'ils étaient, non seulement dignes de leurs aînés du service à long terme, sur le champ de bataille, mais encore qu'ils leur étaient supérieurs au point de vue de l'instruction militaire. Il est de toute évidence que la valeur très supérieure de nos cadres actuels supplée au peu de durée de l'enseignement par sa qualité.

Signalons encore que la loi du 17 juillet 1900 a compris les bataillons d'infanterie légère d'Afrique dans l'armée coloniale, à juste titre. Recrutés de la lie des contingents métropolitains pour qu'en soient purgés nos régiments nationaux, ces corps traitent les vagabonds et candidats au bagne qu'ils incorporent par une cure de grand air et d'entraînement physique. Ils sont commandés par des officiers d'élite qui peuvent trouver une satisfaction morale à se vouer à cette œuvre de relèvement presque évangélique, en greffant l'honneur militaire et la discipline sur ces sauvageons qu'ils transforment en hommes utiles à la patrie et braves à la guerre. L'historique des *Joyeux* l'a prouvé depuis Mazagran, et il est regrettable que le commandement fasse trop rarement appel à ces bataillons.

Elle était inspirée par le désir très légitime de renforcer notre armée nationale en vue d'une guerre contre l'Allemagne. La tension de nos rapports avec cette puissance en 1905, à propos du Maroc, déterminait notre Gouvernement à rappeler en France la plus grande partie des troupes blanches stationnées aux colonies. Mais l'idée chimérique de confier à nos seules troupes indigènes la défense de nos possessions d'outre-mer dénonçait une ignorance vraiment affligeante de l'histoire coloniale.

C'est en Indo-Chine que ce rappel eut le plus rapide et le plus pernicieux effet. Dès l'automne de 1907, des troubles éclataient en Annam; en Cochinchine, la découverte de complots tramés par des indigènes revenus du Japon, amenait de nombreuses arrestations; au Tonkin, une audacieuse tentative d'empoisonnement de la garnison d'Hanoï révélait l'explosion d'une haine farouche. Il est utile de rappeler que le moment était particulièrement mal choisi pour diminuer l'effectif de nos soldats blancs, car l'ébranlement causé dans le monde asiatique par les victoires japonaises, s'ajoutant aux insupportables vexations de notre système fiscal, déterminait une hostilité inattendue parmi nos sujets d'Indo-Chine. Le Dé-Tham (1), ancien chef de Pavillons noirs qui, depuis 1884, s'était soumis à la France en échange d'une vaste concession territoriale, et dont le loyalisme paraissait assuré, fit défection et tint la campagne (1907-1913) grâce à la connivence des indigènes. Nos troupes dispersèrent ses partisans, après de nombreuses rencontres et des fatigues inouïes, sans pouvoir s'emparer du Dé-Tham.

Mais le maintien en France des régiments coloniaux constitue un danger autrement grave : celui de tarir la source des engagements et des rengagements. Leur nombre diminue de jour en jour. La séduction suprême qu'exerce, sur les hommes qui ont un goût déterminé pour la vie militaire active, l'espoir de faire campagne disparaissant, ils disparaissent aussi, et ne sont pas remplacés; et pour remplir les cadres il faut avoir recours aux appelés du contingent qui, n'ayant que deux ans à passer sous les drapeaux, ne peuvent être envoyés aux colonies. S'il

(1) Le Dé-Tham a été tué par nos miliciens annamites, le 11 février 1913, aux environs de Kep.

est vrai que la fonction crée l'organe, la réciproque est également vraie et l'absence de fonction l'atrophie. A la *leçon de choses* que nous donnent les troubles fomentés en Indo-Chine et la désaffection de nos sujets annamites, s'en ajoute une seconde tirée de la consomption de nos régiments coloniaux maintenus en France. Ils étaient le dernier exutoire de l'esprit d'aventure; c'est pourquoi les engagés et les rengagés y affluaient. L'attrait des voyages, de l'outre-mer, de la vie exotique ayant disparu, personne n'y vient plus. La campagne de 1911, au Maroc, a prouvé que la valeur de nos coloniaux au point de vue militaire avait sensiblement baissé. S'ils se sont montrés comme auparavant braves au combat, ils ont beaucoup perdu comme endurance à la fatigue et à la marche et, devenus moins débrouillards par défaut de préparation aux campagnes exotiques, ils ne savent plus ni bivouaquer ni tirer parti des ressources locales comme ils faisaient jadis et comme nos troupes d'Afrique en ont conservé l'habitude. C'est à cela qu'il faut attribuer le mauvais état sanitaire des coloniaux au Maroc (1).

Il est non moins important de signaler une autre déplorable conséquence du séjour des coloniaux dans les garnisons de la métropole : c'est le mauvais renom qu'ils y ont acquis. En effet, autant les qualités d'énergie et d'endurance des soldats de métier les rendent utiles en campagne, autant il est dangereux de les laisser moisir dans l'inaction des garnisons où leur tempérament exubérant les porte, faute d'aliment, à chercher des distractions de nature à troubler l'ordre et à compromettre la discipline. Les méfaits de quelques énergumènes s'étalent dans la presse quotidienne sous une rubrique spéciale : *Les apaches coloniaux.*

Il est temps de revenir aux principes qui ont déterminé la création de notre armée coloniale, et de la rendre à sa destination. Il s'agit pour elle d'une question de vie ou de mort : être ou ne pas être !

---

(1) On écrit de Meknès le 5 août : « Nos troupes ont été cruellement éprouvées par la fièvre typhoïde... Les fantassins et artilleurs coloniaux, bien moins résistants que les Algériens, forment l'immense majorité des typhiques; pour 10 coloniaux européens hospitalisés, il n'y a que 2 Sénégalais et 1 seul Algérien. Cette proportion est sans doute maintenant plus forte encore. » (*Temps* du 26 août.)

APPLICATION DE LA CONSCRIPTION AUX MUSULMANS ALGÉRIENS

La raison, déjà mentionnée, du maintien en France de nos troupes coloniales, invoquée par les membres du Parlement qui ont obtenu du ministre de la Guerre, en 1906, cette déplorable mesure, a, en 1908, provoqué un projet non moins néfaste qui, heureusement, n'a encore reçu qu'un commencement d'exécution. Ce projet consiste à soumettre les indigènes musulmans d'Algérie à la conscription. Ce serait la désorganisation voulue de nos magnifiques régiments de tirailleurs et de spahis dont, précisément, la campagne de 1911-1912 vient de faire ressortir les qualités militaires et l'endurance.

Nous ne devons et ne pouvons demander à nos sujets algériens musulmans que des *volontaires*, conformément aux règles auxquelles ils sont habitués et qu'ils ont acceptées depuis l'année 1831. Nous nous efforçons de retenir les meilleurs d'entre eux, comme rengagés, et il est de notre intérêt de les garder jusqu'à la retraite qu'ils obtenaient (au tarif maximum), à vingt-cinq ans de service. Rentrés chez eux ils étaient une preuve vivante de ce qu'on gagne à bien servir la France. Devenus *rentiers*, ils lui restaient dévoués — ne fût-ce que par intérêt — et étaient utiles à la propagation de notre influence.

Ceux dont l'aptitude, la manière de servir ou la conduite laissait à désirer, étaient admis d'office à la retraite proportionnelle.

Mais les parlementaires en quête d'économies ont fait prendre au ministre de la Guerre une mesure aussi inhumaine que contraire à nos intérêts militaires et politiques. Le soldat indigène ne doit plus, aujourd'hui, être maintenu sous les drapeaux après douze ans de service. On s'était avisé, en 1901, qu'il était abusif de compter aux indigènes, comme campagnes, les années passées dans le Tell. On cessa de le faire, ce qui était raisonnable; mais, en réduisant la durée de leur service à un maximum de douze ans, on a été trop loin. Retraité sans médaille et sans campagne, le soldat indigène reçoit une pension de 144 francs, soit 40 centimes par jour! Tout juste de quoi ne pas mourir de faim. Misérables et déguenillés, nos anciens tirailleurs et spahis feront sur nos sujets musulmans l'effet d'une fâcheuse leçon de choses, en montrant ce qu'est devenue l'ancienne générosité de la France. L'effet de cette néfaste réforme s'accuse déjà par la diminution annuelle des engagements; mais à coup sûr elle compromet, vis-à-vis de la société arabe, la réputation de justice et de générosité à l'égard des bons serviteurs, qui était acquise à la France. Ajoutons que jamais moment ne pouvait être plus mal choisi, alors que la question du Maroc ouverte ne peut trouver une solution favorable à la France, et définitive, que grâce au concours de nos Algériens.

L'idée de soumettre nos sujets musulmans au service obligatoire ne résiste pas à l'examen. Elle a été inspirée par le désir d'augmenter nos forces d'un corps d'armée arabe, qui serait transporté sur la frontière de l'Est en cas de guerre avec l'Allemagne. C'est un rêve décevant inspiré par le fait que les Tunisiens sont soumis à la conscription depuis le 7 février 1860 en vertu d'une loi du bey Mohamed-es-Sadok (12 redjeb 1276 de l'ère musulmane). Quand la France a établi son protectorat sur la Régence de Tunis, elle a en principe maintenu la législation en vigueur, y compris celle qui réglait le recrutement et n'est qu'une adaptation de deux anciennes lois françaises : celles du 21 mars 1832 sur le recrutement et du 26 avril 1855 sur l'*exonération* du service militaire (1).

Les Tunisiens sont les sujets du bey; ils obéissent à ses lois auxquelles ils sont habitués de longue date, tandis que nos Algériens, sujets de la République française, que nous tenons en tutelle, sans avoir encore pu leur concéder aucun droit civil ou politique, ne pourraient être soumis à l'obligation militaire que par un véritable abus de pouvoir. Leur dire qu'ils doivent verser leur sang pour *leur patrie* serait d'une ironie excessive. Nous recrutons chez eux d'excellents soldats de métier depuis quatre-vingts ans. Ils ont défendu notre drapeau sur les champs de ba-

(1) Voir mon étude sur la *Conscription des indigènes musulmans d'Algérie*. Lavauzelle, 1909.

taille de l'ancien et du nouveau monde; leur entrain, leur énergie, leur endurance, leur fidélité et leur dévouement à leurs chefs nous sont connus, comme leur vaillance qu'ont éprouvée tous nos adversaires. Transformer le système qui nous a donné de tels résultats en une obligation générale, contraire à leurs habitudes, immorale parce qu'elle comporterait le remplacement à prix d'argent, vexatoire par l'intrusion des autorités dans les familles pour le recensement des appelés, et, de plus, impossible à imposer aux nomades, ce serait une entreprise aléatoire, peut-être grosse de dangers. C'est au Gouvernement de se remémorer l'adage : *Quieta non movere!*

LA QUESTION DES TROUPES NOIRES

La troisième des propositions que j'ai signalées a également pour but de remédier à la décroissance de la natalité française.

Au maintien de nos régiments coloniaux en France s'ajouterait, nous l'avons dit, l'appel dans la métropole de divisions d'infanterie arabe. Certains novateurs escomptent déjà la formation de corps d'armée musulmans, dans un avenir plus ou moins prochain.

Il restait un point douteux : qui garderait l'Algérie et la Tunisie quand nos troupes indigènes seraient en France?

C'est alors que dans un article de revue (1), le très distingué colonel Mangin de l'armée coloniale, qui participa à la mission Congo-Nil dirigée par le commandant Marchand, a proposé la constitution d'une armée noire.

Jamais projet ne fut, à notre connaissance, accueilli avec pareil enthousiasme.

Un ancien ministre des Affaires étrangères, membre de l'Académie française, M. Gabriel Hanotaux, s'écriait (2) : « L'immense réservoir d'hommes qu'est actuellement notre empire colonial africain ne restera pas inemployé; avant dix ans nous aurons 100.000 hommes de troupes noires. La question posée est résolue. Si la France voulait, elle lèverait en Afrique une armée de 300.000 hommes, soldats incomparables et fidèles. »

Des parlementaires, parmi les plus entendus aux questions militaires, faisaient chorus :

« L'Afrique française est un réservoir presque inépuisable d'hommes... forts, musclés et belliqueux par atavisme », dit l'honorable M. Ajam (3).

« Leur fidélité au drapeau, ajoutait l'honorable M. Le Hérissé (4), et leur dévouement à leur chef se haussent jusqu'à

(1) *Revue de Paris*, juillet 1909 : *Troupes noires*, par le colonel Mangin.

(2) *Journal*, 13 septembre 1909.

(3) *France militaire*, 12 septembre 1909.

(4) *France militaire*, 2 septembre 1909.

l'héroïsme... Aux yeux des Algériens et Tunisiens, notre domination ne peut qu'accroître son prestige en s'entourant de troupes noires, comme l'ont fait les souverains musulmans...; la garde noire, c'est l'élément constitutif et en même temps l'attribut de la puissance. »

Même de hautes autorités militaires se sont laissé séduire par le mirage de l'armée noire. L'honorable et très distingué général Langlois, sénateur, disait (1) :

« La race nègre tire ses admirables qualités guerrières de son *hérédité*, parce que, aussi loin que nous pouvons remonter dans l'histoire, l'état de guerre est normal en Afrique; de son *état social*, qui lui enseigne la discipline; des dures conditions de son existence, qui la rendent endurante; de son *insouciance*, qui la fait tenace dans les luttes prolongées, caractéristique des batailles modernes; de son tempérament sanguin et fataliste, qui la rend terrible dans le choc... (2). »

Et l'éminent général Bonnal ajoutait :

« Le colonel Mangin a été bien inspiré lorsqu'il a rédigé les propositions qu'on va lire :

« En établissant la conscription des indigènes en Algérie, on pourrait compenser en partie l'affaiblissement de nos forces métropolitaines; mais le projet à l'étude depuis deux ans se heurte à diverses objections venant de la population européenne d'Algérie qui craint de voir se tourner contre nous, en cas d'insurrection, les Arabes que nous aurions instruits et libérés. Par contre, nos colons algériens seraient rassurés s'ils se sentaient protégés par des régiments de tirailleurs sénégalais, en grande partie fétichistes, qui, depuis cinquante ans, au Sénégal, au Soudan, au Dahomey, à Madagascar, au Congo-Tchad, au Maroc, ont fait leurs preuves de bravoure, de fidélité et de discipline. » Et le général Bonnal ajoute : « D'autre part, le service obligatoire, une fois appliqué aux indigènes d'Algérie-Tunisie, permettrait,

---

(1) *Temps*, 12 novembre 1909.

(2) Le général de Torcy, ancien commandant de corps d'armée, vieil africain, qui fut chef d'état-major du corps expéditionnaire de Madagascar en 1895, a réfuté par la parole et par la plume les sophismes en cours sur la *force noire*. Voir l'*Armée noire devant l'opinion*, par cet officier général. Challamel, 1911.

d'après Mangin, de faire passer en France, quelques jours après la déclaration de guerre, 100.000 Arabes constitués en régiments, brigades et divisions d'infanterie, auxquels se joindraient nos six régiments de chasseurs d'Afrique, nos quatre régiments de spahis et, si l'on veut bien l'organiser à l'avance, une nombreuse cavalerie arabe vraiment précieuse dans le service d'éclaireurs. Le colonel Mangin calcule qu'en cas de guerre, le corps d'armée noire d'Algérie-Tunisie pourrait débarquer à Marseille, le huitième jour de la mobilisation et les suivants, deux divisions de marche de 20.000 hommes, et le Sénégal serait capable d'envoyer à Bordeaux, pour le dix-huitième jour, une division noire de même effectif.

« Sur les immenses champs de bataille de la guerre à venir, les troupes arabes, et mieux encore les troupes noires, n'auront pas de rivales quand il s'agira de donner le choc final. Nous n'en voulons d'autre preuve que la charge héroïque du 1er régiment de tirailleurs algériens, vers la fin de la bataille de Frœschwiller, charge à la baïonnette durant laquelle ce régiment perdit 800 hommes en quelques minutes, tandis que la veille, à Wissembourg, il avait eu 600 hommes tués ou blessés... »

Au lyrisme des parlementaires, la presse de toute nuance joignait des notes claironnantes et n'admettait plus d'objections (1).

Ces projets, légèrement conçus, insuffisamment mûris, ont été heureusement écartés. Le projet d'armée noire a reçu un commencement d'exécution, par l'envoi, en 1910, d'un bataillon de 800 Sénégalais dans le Sud-Oranais où ils ne se sont pas acclimatés. Deux autres bataillons rendent de bons services dans la Chaouïa et un quatrième a fait partie de la colonne Moinier en 1911 et s'y est bien comporté. Mais il n'a pas été possible de fournir un contingent plus élevé. Or, pendant que la constitution de notre armée noire enflammait tant de bons esprits, nous apprenions (janvier 1910), le désastre de la colonne Fiegenschuh, les insurrections de la Côte d'Ivoire et le résultat du combat de 'Drigelé, glorieux certes, livré le 9 novembre, mais qui coûta la vie au lieutenant-colonel Moll, aux lieutenants Jolly et Brûlé — trois

---

(1) Voir mon étude *La Guerre et le Service obligatoire*. Chapelot, 1910.

officiers sur quatre présents — aux adjudants Noël et Leclerc, aux sergents Bal, Alessandri et Bergère, soit la presque totalité du cadre français d'une colonne de 300 hommes (2 compagnies 1 section de montagne et 25 tirailleurs montés).

Alors, avant de concevoir des projets mégalomanes d'armée noire et de conscription musulmane, pour jeter sur les Vosges des hordes barbares (1), comme suprême ressource, comme bouclier et même comme épée de la mère-patrie décadente, épuisée d'hommes et de courage, il serait plus urgent de constituer des bataillons noirs en nombre suffisant pour garder notre domaine africain. De même, il est nécessaire d'améliorer la retraite de nos tirailleurs et spahis qui a été diminuée dans des conditions scandaleuses. N'oublions pas que ce seront nos troupes d'Afrique qui devront faire au Maroc « notre pré carré », comme disait Vauban. Pour le mettre en valeur, il faut le pacifier d'abord, l'organiser ensuite. Cette tâche nous sera d'autant plus facile que nous serons plus forts.

On peut s'étonner, à bon droit, que tant de Français — et parmi eux des officiers — aient pu compter sur des nègres et des musulmans pour sauver la patrie ! Nous avons de bonnes raisons pour croire que le *type flasque,* représenté en France, jadis, par quelques *intellectuels,* se fait de plus en plus rare, s'il n'a pas disparu. L'armée nationale qui encadre tous les citoyens valides existe. Elle poursuit sa besogne sans se livrer à de vaines rodomontades, et se tient prête à marcher quand il faudra.

Une guerre qui provoquerait notre mobilisation générale ne serait pas localisée en Europe. Nos colonies devront toujours être défendues, tant contre des puissances ennemies que contre des insurrections locales. Il serait donc dangereux de considérer nos troupes coloniales comme destinées, *a priori,* à renforcer la mobilisation de l'armée nationale. Mais il est de toute évidence qu'au cours des événements, selon l'occasion, nous utiliserons nos

(1) Le *Temps,* journal sérieux et pondéré, écrivait, le 29 octobre 1909 : « Pourquoi ne les emploierions-nous pas (les troupes noires)? *Il n'y a eu d'opposition que dans la presse allemande.* » Il est à remarquer qu'actuellement les journaux allemands prennent acte de ces menaces (d'armée noire et d'armée musulmane) pour réclamer notre sortie du Maroc « que nous voulons annexer à l'Algérie afin d'y recruter de nouveaux mercenaires pour la Revanche » !

forces, quelles qu'elles soient, là où elles trouveront à s'employer le plus utilement, selon les vues du commandement.

***

La question marocaine, quelle qu'en soit la solution — prochaine ou éloignée — aura eu, sur l'esprit national français, une bienfaisante influence. Elle est venue, depuis six années, rappeler à nos gouvernants ce que nos querelles intérieures leur ont fait oublier trop souvent : c'est-à-dire que la France n'a pas en Europe que des alliés et des amis.

Les niaises protestations pacifistes des politiciens issus des mares stagnantes avaient été prises au sérieux, à l'étranger plus que chez nous. Certains en avaient conclu que nous reculerions toujours devant une guerre continentale et qu'il leur suffirait de montrer les dents pour nous faire consentir à tout. Les partis d'opposition confirmaient d'ailleurs cette impression, en proclamant, *urbi et orbi*, que la France était tombée dans un état d'incurable faiblesse, qu'elle n'avait plus d'armée, que les doctrines antipatriotiques et antimilitaristes avaient fait s'évanouir le sentiment national.

Nous devons savoir gré à l'empereur d'Allemagne : ses sorties imprévues de 1905, 1908 et 1911 ont rappelé nos gouvernants à la réalité. Ils ont dû se rendre compte qu'avant d'édifier la cité future il fallait assurer la défense du pays envers et contre tous, le véritable esprit de la France n'admettant ni rodomontades, ni reculades.

Ce réveil du sentiment national aura sur notre politique intérieure une non moins heureuse influence, car politiques intérieure et extérieure sont soudées l'une à l'autre. Toutes deux pour s'imposer réclament les mêmes conditions : une volonté intelligente et énergique appuyée sur le sentiment national et l'esprit civique.

OPÉRATIONS MILITAIRES

(AOUT-SEPTEMBRE 1911)

Le général Moinier, parti de Meknès avec une colonne de 2.000 hommes commandée par le général Dalbiez, est arrivé à Fez le 31 août. La colonne du général Dalbiez en est repartie pour Séfrou, le 2 septembre, dans le but d'y installer une garnison chérifienne destinée à maintenir l'ordre parmi les tribus des Aït-Youssi qui environnent cette ville et dont la soumission n'est pas encore assurée. Nos troupes sont arrivées à Séfrou le 4 septembre, sans avoir eu à tirer un coup de fusil. Une bande des Aït-Youssi qui rançonnait les voyageurs sur la route, à trois heures de Fez, s'était prudemment retirée devant le général Dalbiez.

Au camp de Aïoum-Smar, cet officier général a reçu le caïd de Bahlil, celui des Aït-Segrouchen du nord et les principaux chefs des Aït-Youssi, venus pour faire acte de soumission. Les délégations des populations musulmane et israélite de Séfrou s'étaient portées à la rencontre du général Dalbiez. La colonne a traversé Séfrou au son des clairons et des tambours, et aux cris d'allégresse des femmes. Elle est allée camper à 1 kilomètre au sud de la ville.

Le général a installé à Séfrou un tabor chérifien aux ordres du lieutenant Hugot-Derville, officier instructeur de la mission marocaine. Il est ensuite reparti le 6 septembre pour Fez, avec le reste de ses troupes.

Mais aussitôt après le départ du général Dalbiez, des cavaliers des Aït-Youssi ont recommencé à piller les environs et à couper les communications avec Fez. Un de nos soldats a été tué. Les insurgés ont occupé les hauteurs qui dominent Séfrou, et le lieutenant Hugot-Derville a dû faire usage du canon pour dégager la ville.

Le commandant Brémond s'est alors porté de Fez sur Séfrou, à la tête de 1.500 hommes, le 9 septembre. Cet officier supérieur est venu camper le lendemain sous les murs de Séfrou (1).

(1) Dans le même temps, le général Moinier, parti de Fez avec une légère escorte, parcourait le pays des Zemmour et constatait les progrès sensibles faits par la paci-

Le 11 septembre, au matin, les différentes tribus des Aït-Youssi s'étaient réunies à quelques kilomètres au sud de Séfrou. Fanatisées par les excitations du chef berbère Hakka-Bou-Dmani et de quelques marabouts des Aït-Segrouchen, elles décidèrent de combattre à outrance. Dans l'après-midi, vers 4 heures, le camp du commandant Brémond fut attaqué par 1.200 Berbères, bien armés et très mordants. La première attaque de front, très violente, ne fut arrêtée qu'à 100 mètres de la compagnie de grand'garde. Elle fut suivie d'une attaque sur la droite, et d'une autre tentative moins marquée sur la gauche. Les assaillants furent repoussés sur toute la ligne et poursuivis sur un parcours de 4 kilomètres, laissant de nombreux morts sur le terrain.

Les troupes chérifiennes n'ont cependant perdu que 6 tués, 1 disparu et 15 blessés, dont le lieutenant Prioux (1), qui succomba le surlendemain.

La nuit du 11 au 12 fut calme; mais, dans la matinée, des groupes ennemis s'avancèrent vers le front sud du camp; dispersés par le feu de l'artillerie, ils n'attendirent pas le choc de l'infanterie. A midi on signalait encore quelques rassemblements, à 5 kilomètres, sur les crêtes à l'est.

Au cours de la journée du 12, il y eut quelques escarmouches aux avant-postes. Quelques obus suffirent à déloger des rassemblements signalés dans les ksour déjà bombardés le 10 septembre.

---

fication dans cette région. Il arrivait à Rabat le 14 septembre. Le général Ditte a transporté, le 12, le poste de Zemara à N'Keïla (6 kilomètres au nord-est, près du confluent de l'oued Khoriffa). Ce point est le centre du cercle des Zaer.

(1) Lieutenant au 6e chasseurs d'Afrique, fils du contrôleur général Prioux. Né en 1885, entré à Saint-Cyr en 1903, sorti no 1 de la section de cavalerie, Fernand Prioux, arabisant de premier ordre, avait pris les fonctions d'instructeur d'une mehalla chérifienne formée en mars 1911. Ses hommes et ses chevaux n'étaient rassemblés que depuis huit jours quand il les conduisit au feu, pendant la marche de la colonne Brulard sur Fez dont il couvrait la marche. A l'arrivée à Fez, le lieutenant Prioux prit le commandement de deux nouveaux tabors de cavalerie; il fit partie de la colonne qui installa à Séfrou le détachement du lieutenant Hugot-Derville, retourna à Fez et fut tué en revenant à Séfrou avec la colonne du commandant Brémond, pour dégager cette ville. La croix de la Légion d'honneur lui a été conférée le 16 septembre. Ce brillant officier, tombé au champ d'honneur à vingt-cinq ans, a trois frères dans l'armée : Maurice, capitaine breveté de l'infanterie coloniale, René, capitaine breveté de cavalerie et Pierre, sous-lieutenant au 6e colonial. Un fort construit sur les hauteurs au sud-ouest de Séfrou a reçu le nom de cet officier.

Dans la matinée du 13, des coups de fusil furent encore échangés aux avant-postes. A 2 heures, les groupes dissidents grossissant sur plusieurs directions, le commandant Brémond se porta en avant avec la moitié de son effectif. Cette menace, appuyée de quelques obus bien pointés, dispersa les assaillants.

A la tombée de la nuit, le général Dalbiez, parti de Fez le matin et marchant au canon, arrivait à Séfrou avec une colonne de renfort et campait au nord de cette ville.

Le 14 au matin, le commandant Brémond se portait en avant avec un millier d'hommes pour dégager son camp, menacé dans la direction nord. Vers 8 heures, il tombait sur le flanc d'un groupe d'assaillants et atteignait une position dominant la région très accidentée, au sud du camp. L'apparition des troupes chérifiennes est saluée par un feu très vif parti des crêtes voisines. Pendant l'exécution de ce mouvement, le camp, défendu par le lieutenant Metzinger à la tête de 400 hommes, était attaqué audacieusement; l'artillerie refoula l'ennemi qui, rejeté sur la colonne du commandant Brémond, fut mis en désordre par un feu à bonne portée et vivement poursuivi ensuite. Ses débris disparurent dans les ravins des hauteurs escarpées situées à 10 kilomètres de Séfrou, au sud. Un demi-escadron de cavalerie, commandé par le lieutenant instructeur Redman (de nationalité anglaise), culbuta avec beaucoup d'entrain, et dans un terrain très difficile, plusieurs centaines de dissidents. Deux sous-officiers, le sergent Pagelle et le maréchal des logis Macaigne, se distinguèrent à cette occasion. Nos goumiers eurent 4 tués et 5 blessés, et perdirent douze chevaux.

La colonne Dalbiez campée au nord de Séfrou y était restée en observation pendant la journée du 14 septembre. Le 15, au matin, elle se porta à la rencontre des rebelles qui furent dispersés et poursuivis dans la région du sud, jusqu'à la casbah de Masdouh qui fut détruite, ainsi que plusieurs ksour. Cette expédition, poussée jusqu'à 12 kilomètres de Séfrou, nous coûtait deux goumiers marocains tués et deux sénégalais blessés. Au nombre des dissidents tués se trouve le chef Sidi-Lhassen, des Aït-Youssi, l'un des principaux instigateurs de la révolte.

Le 17, le général fit poursuivre les opérations de police jusqu'au Sébou, à 20 kilomètres de Séfrou. Les troupes rentraient le 18, à 8 heures du soir, après un parcours de 50 kilomètres par une chaleur torride dans une région très accidentée. Les habitants avaient abandonné leurs douars pour se réfugier chez les Beni-Sadden, sur la rive droite de Sébou, d'où ils échangèrent quelques coups de fusil avec nos goumiers.

Les pertes subies au cours des combats du 11 au 18 septembre ont donné à réfléchir aux tribus.

Dans la journée du 18 septembre, le général Dalbiez reçut une délégation des cheiks et notables des Aït-Youssi, venus pour demander l'aman, et promettant de ramener le calme et la tranquillité dans la région de Séfrou. Ils assurèrent que les hostilités avaient pris fin et le général les menaça de représailles sévères si l'ordre était de nouveau troublé.

Après avoir assuré la pacification des tribus berbères des environs de Séfrou, le général Dalbiez s'est porté, le 20 septembre, vers la casbah d'El Hajeb où a été installée, à la fin du mois de juin, la mehalla chérifienne commandée par le capitaine Le Glay. Cet officier a signalé une effervescence inquiétante chez les Beni-M'tir et les Beni-Mgild qui avoisinent son poste.

Le commandant Brémond est rentré à Fez le 23 septembre avec sa mehalla, dont il laisse, à Séfrou, un tabor de 500 hommes, sous les ordres du lieutenant Maréchal, avec un goum de cavaliers et une section d'artillerie. La garnison ainsi renforcée est placée sous les ordres du capitaine Richard d'Ivry.

On signale de Rabat, le 27 septembre, une certaine effervescence des fractions encore dissidentes des Zaer et des Aouderane sur la rive droite du haut Bou-Regreg, aux environs du poste nouvellement établi à Ma-Aziz. Des renforts y ont été dirigés du poste de Tiflet.

DIFFICULTÉS AVEC L'ALLEMAGNE

A la date du 30 septembre, après trois mois de discussion, les négociations entre la France et l'Allemagne semblent devoir aboutir aux préliminaires d'un accord, plus ou moins prochain, car rien de précis n'a transpiré au dehors. La longueur du dialogue n'y a pas apporté plus de clarté. Les deux gouvernements intéressés n'ont fait connaître que vaguement les points en litige; ce qui donne beau jeu à la presse des deux pays pour publier chaque jour des renseignements contradictoires, tantôt optimistes, tantôt pessimistes, alternativement.

La parfaite tenue de l'opinion française qui, avec calme et sans aucune forfanterie, envisage la possibilité d'une rupture suivie d'un conflit armé, n'a pas été sans impressionner favorablement toutes les puissances. Aux menaces des organes pangermanistes qui, en haine de l'Angleterre dont la supériorité maritime les offusque, osent prétendre que l'Allemagne prendra la France pour otage en cas de guerre, nous n'avons rien répondu; mais tous les cœurs français, loin d'être intimidés, sont nettement résolus à ne pas supporter un traitement indigne d'une nation prête à tous les sacrifices pour la défense de son honneur et de ses droits.

Si le Gouvernement impérial s'est imaginé qu'en allant rétablir le pouvoir chérifien au prix du sang de nos soldats et de l'épargne française, nous nous tiendrions pour satisfaits d'avoir « tiré les marrons du feu » au profit de l'Allemagne, il a dû déjà reconnaître son erreur, et se rendre compte que son geste inamical d'Agadir a produit un effet, pour le moins imprévu de ceux qui l'ont inspiré, et peut-être gros de conséquences (1).

Dans un discours prononcé à Alençon, le 24 septembre, M. Caillaux, président du Conseil, définissait le but de la négociation actuelle en disant :

« Il faut que la France ait sa pleine liberté d'action au

(1) Le projet d'occuper la Tripolitaine, déclaré par le Gouvernement italien, rend l'Allemagne particulièrement perplexe dans un différend qui met aux prises la Turquie, qu'elle choie, et l'Italie son alliée.

Maroc qui touche aux parties essentielles de notre empire africain. »

L'Allemagne n'avait évidemment pas, au Maroc, des droits qui lui permissent juridiquement d'en disposer; et encore moins de réclamer en échange de ces droits fictifs une partie quelconque de notre domaine colonial. La cession d'un territoire au Congo, demandée par l'Allemagne, a rencontré chez nous de nombreux opposants. Si l'on s'en rapporte aux précédents, on reconnaîtra que cette compensation, réclamée par le Gouvernement impérial, n'a rien d'insolite.

Nous avons abandonné à l'Angleterre tout l'ensemble de notre situation en Égypte, et à l'Italie non seulement nos chances possibles d'extension dans le sud tunisien, mais aussi le principe de l'intégrité ottomane. Il n'y a donc pas lieu de s'alarmer si nous payons à l'Allemagne l'abandon au Maroc de droits qu'elle n'y possède pas. Si la méthode est mauvaise, il est trop tard de s'en apercevoir aujourd'hui.

Le président du Conseil rappelant le mot de Thiers : « Les affaires ne sont bonnes que quand elles sont à l'avantage des deux parties qui contractent », démontrait que c'est précisément afin que l'affaire soit bonne pour la France, qu'il faut que le traité marocain ne laisse subsister aucun doute. Si ce traité est ce qu'il doit être, nous pouvons et devons le payer, dût le prix sembler pénible à quelques-uns.

Cette vérité d'évidence, — trop souvent méconnue, — si l'accord franco-allemand au sujet du Maroc la consacre définitivement, groupera l'adhésion du Parlement et du pays.

C'est une succession de faits — de faits qui, il faut bien l'avouer, n'ont pas toujours été, depuis deux ans surtout, dirigés au mieux des intérêts français — qui ont avancé cette échéance. A défaut d'autres raisons, la situation financière de l'empire chérifien eût rendu nécessaire avant la fin de l'année une revision complète de l'acte d'Algésiras. Cette revision, qui sera soumise à l'approbation de tous les signataires, assurera, dans la forme la plus correcte, sans aucun manquement à la parole donnée, la sauvegarde d'intérêts qui, marocains, français ou étrangers, ne trouvaient plus dans les stipulations de l'acte du 8 avril 1906 une garantie suffisante.

C'est la future organisation judiciaire du Maroc qui fait actuellement, à la fin de septembre, l'objet de la discussion franco-allemande. La technicité de cette question laisse à espérer que ce débat sera poursuivi dans un esprit purement objectif.

La situation juridictionnelle des Européens au Maroc est aujourd'hui la même que dans tous les États musulmans. Contrairement au principe qui fait de l'administration de la justice une des attributions essentielles de la souveraineté, les étrangers sont soustraits, en pays *hors chrétienté*, à la juridiction locale réputée insuffisante; ils sont jugés, d'après leurs lois nationales, par les représentants de leur propre Gouvernement.

De là viennent les privilèges séculaires des consuls. Ces prérogatives comportent au Maroc comme en Turquie, sauf des différences de détail, le droit reconnu aux agents diplomatiques d'exercer à l'égard de leurs nationaux, la juridiction répressive, dans tous les cas, la juridiction civile et commerciale dans des conditions déterminées.

L'exception cesse d'être justifiée quand le souverain local, soit par lui-même, soit par l'intermédiaire d'une autre puissance, offre aux étrangers des garanties judiciaires qui, précédemment, faisaient défaut. C'est ainsi que les grandes puissances ont renoncé, dans les États chrétiens des Balkans, au bénéfice des capitulations, quand les tribunaux locaux ont été jugés, par elles, capables de rendre une justice égale. C'est ainsi qu'en Tunisie, en 1884, la compétence des tribunaux tunisiens s'est étendue à tous les procès civils et commerciaux mettant en présence Européens et indigènes, après que la France eut organisé la justice dans la Régence. Les gouvernements qui se sont montrés le plus longtemps hostiles à la reconnaissance de notre protectorat n'ont fait aucune difficulté pour accepter, presque immédiatement après notre installation en Tunisie, la réforme judiciaire (1).

Il est vrai que l'Angleterre a maintenu en Égypte le système

(1) C'est ainsi que l'Italie a attendu le 28 septembre 1896 pour signer la convention de commerce et de navigation, la convention consulaire et d'extradition qui nous apportaient son adhésion définitive au protectorat tunisien. Or, dès le 14 janvier 1884, douze ans plus tôt, elle avait accepté l'abrogation des capitulations, et la substitution de la justice française, organisée par la loi du 27 mars 1883, à la juridiction consulaire. L'Allemagne et toutes les autres puissances ont fait de même.

des tribunaux mixtes institués par une conférence internationale tenue au Caire en 1869, auquel toutes les puissances ont donné leur adhésion (1).

Ces tribunaux mixtes sont composés de juges indigènes et de juges étrangers. Une cour d'appel qui leur est superposée est composée de onze magistrats, dont quatre indigènes.

C'est cette internationalisation de la justice que réclamerait l'Allemagne pour le Maroc. On conviendra qu'il n'y a aucun rapport entre l'État inorganique désigné sous le titre fallacieux d'empire marocain et l'Égypte, aux trois quarts civilisée, accueillante aux étrangers, enrichie par le trafic du canal de Suez. L'Angleterre venue, en 1883, en Égypte, pour y mettre l'ordre, lors de l'insurrection d'Arabi, y est restée par la force des choses, comme nous resterons au Maroc. Elle a conservé les institutions qu'elle y a trouvées et qui ont continué de fonctionner. Oserait-on prétendre qu'il existe au Maroc une organisation quelconque, administrative, judiciaire, financière, etc.? Et cependant l'Angleterre ne cache pas son intention d'abolir les tribunaux mixtes en Égypte (2).

A la question du régime judiciaire est liée celle de la protection des indigènes : l'origine de privilège qui permet aux puissances étrangères de *protéger* des sujets marocains, c'est-à-dire de les soustraire à la souveraineté territoriale, remonte aux capitulations dont cette protection découle. La France exerce ce privilège en vertu des traités franco-marocains de 1767 et de 1863. Il ne s'appliquait à l'origine qu'aux sujets chérifiens pris au service des consulats comme interprètes, secrétaires, chaouch et domestiques, ainsi qu'aux Marocains servant d'agents consulaires et à leurs familles. Le développement du commerce avec les États chrétiens fit accorder ensuite, par extension progressive, la même immunité aux indigènes musulmans ou juifs employés au service

(1) États-Unis, 23 mars 1874; Allemagne, 30 mars 1874; Autriche, 20 janvier 1875; Belgique, 4 juin 1875; France, 17 décembre 1875.

(2) Rapport de lord Cromer de 1905 : c'est un long réquisitoire contre les tribunaux mixtes, avec cette conclusion : « La seule solution qui puisse donner des résultats satisfaisants serait que les puissances transférassent à l'Angleterre les fonctions législatives qu'elles possèdent collectivement. »

des négociants établis au Maroc. Ces derniers, auxquels il est interdit de pénétrer à l'intérieur, ne pouvaient faire du commerce que par l'intermédiaire de courtiers indigènes qui, dans tout le Levant, portent le nom de *censaux*. Mais la situation privilégiée de ces derniers détermina un grand nombre de leurs coreligionnaires à demander une protection étrangère — qu'ils achetaient le plus souvent — pour échapper à l'impôt, aux corvées et aux multiples charges auxquels les natifs sont soumis. Le scandale de ces abus provoqua, en 1880, la réunion de la Conférence de Madrid qui, le 3 juillet, restreignit à deux par maison de commerce le chiffre des censaux.

Il ne semble pas que cette décision ait été suivie d'effet, car le Dr Weisgerber, correspondant du *Temps*, écrivait au mois de mars 1911, de la Chaouïa :

« Il y a au Maroc une catégorie assez nombreuse d'Européens dont les abus engendrés par la protection, la vente des patentes, le chantage et l'escroquerie, constituent à peu près l'unique moyen d'existence...

« Un procédé fréquemment employé par ces messieurs consiste à protéger un indigène et à lui extorquer le plus d'argent possible, puis à le « vendre » à son caïd qui lui prend ce qui lui reste et le jette en prison... quand il ne le fait pas mourir sous le bâton pour avoir osé se faire protéger. C'est ce qu'on appelle « travailler avec l'indigène ». Les censaux ne payant pas d'impôts — personne ne sait au juste pourquoi — tous les indigènes aisés n'ont qu'un désir, celui de se procurer à tout prix une patente de censal. Le plus souvent ils y réussissent, et je pourrais citer tel indigène qui se vante d'avoir payé la sienne 500 douros... »

Et le Dr Weisgerber concluait en parlant de la zone occupée par la France :

« Cette institution des censaux, qui a pu rendre des services autrefois et qui en rend encore là où il n'existe aucune administration régulière, n'a plus aucune raison d'être en Chaouïa. Son maintien est aussi nuisible pour le pays que blessant pour notre amour-propre, et les gouvernements signataires de l'acte d'Algésiras devraient s'entendre pour la supprimer en Chaouïa et en réprimer les abus partout ailleurs. »

Ce qui est vrai de la Chaouïa sera vrai demain de tout le Maroc, quand la France y aura fait régner l'ordre et la justice. C'est à cette fin que nous ne pouvons admettre une intervention privilégiée de l'Allemagne, même réduite aux questions d'ordre judiciaire; elle aurait pour résultat d'entraver notre action et de provoquer de nouveaux conflits.

Les termes de l'accord franco-allemand ont été arrêtés le 12 octobre. Mais il reste à déterminer le prix auquel la France consentira à payer à l'Allemagne l'empire chérifien en cédant une partie de notre territoire congolais. Cette première partie de l'entente n'est donc que conditionnelle; elle reste subordonnée à la réussite des négociations postérieures relatives au Congo.

Les deux gouvernements intéressés se sont engagés à ne rien publier du premier accord tant que sa contre-partie n'aura pas été arrêtée.

On ne peut qu'approuver la réserve des deux gouvernements contractants, car toute appréciation du contrat définitif est subordonnée aux trois conditions suivantes :

1° Prix dont nous paierons au Congo le résultat obtenu au Maroc;

2° Extension locale qu'aura ce résultat du fait de la revision des arrangements franco-espagnols au Maroc;

3° Caractère juridique que prendra le contrat définitif par suite de l'adhésion des puissances signataires de l'acte d'Algésiras.

LES ESPAGNOLS AU MAROC

L'heure n'est pas encore venue d'examiner dans leur ensemble les procédés, inamicaux à notre égard, de l'Espagne au Maroc, ni de relever les violations réitérées des traités, dont le cabinet de Madrid porte la responsabilité. La situation intérieure de l'Espagne, dont nous n'avons pas à rechercher les causes d'instabilité, porte son Gouvernement à une action extérieure destinée à satisfaire la fierté castillane. La perte de ses anciennes colonies, au début du vingtième siècle, pèse d'un poids lourd sur la conscience nationale. En conquérir de nouvelles aux dépens du Maroc serait l'accomplissement d'un vœu populaire et rallierait au Gouvernement tous les partis politiques épris de grandeur et de gloire.

L'incident d'Ifni est particulièrement caractéristique : vers 1476, des pêcheurs espagnols avaient, dans le Sud marocain, installé des pêcheries en un lieu auquel ils donnèrent le nom de Santa-Cruz-de-Mar-Pequeña. Mais cet établissement fut, dès 1525, abandonné, à ce point qu'on n'en trouvait plus l'emplacement au dix-neuvième siècle.

A l'issue de l'expédition d'O'Donnel à Tétouan, l'Espagne fit inscrire la reconnaissance de ses droits dans l'article 8 du traité du 26 avril 1860. On y lit :

« Sa Majesté chérifienne s'oblige à concéder à perpétuité à Sa Majesté catholique, sur la côte de l'Océan, joint à Santa-Cruz-de-Mar-Pequeña, le territoire suffisant pour la création d'un établissement de pêche, comme celui que l'Espagne a possédé autrefois, en cet endroit. »

Mais on ne savait où situer Santa-Cruz. On l'ignorait si bien que le texte marocain l'appelait Agadir. L'Espagne, d'ailleurs, resta vingt-trois ans sans chercher à localiser ce point; et c'est en 1883 seulement qu'une commission hispano-marocaine fut nommée à l'effet de poursuivre cette recherche. N'ayant pas trouvé Santa-Cruz, les commissaires espagnols découvrirent Ifni qui leur parut remplir les conditions souhaitées (1), et le Sultan accepta que l'Espagne s'y établît. Toutefois, aux vingt-trois années écoulées s'en ajoutèrent vingt-huit nouvelles sans qu'aucun établissement fût tenté.

Mais, à la suite de la campagne de 1909 contre les Riffains, et du traité du 17 novembre 1910, l'Espagne réclamait du maghzen l'exécution du traité de 1860 (art. 8) et un accord hispano-marocain, signé par El-Mokri, fixait au 1er mai 1911, la réunion d'une commission hispano-marocaine, à Mogador, pour délimiter le territoire cédé par le Sultan. Il n'en a rien été.

On sait comment le Gouvernement espagnol s'est comporté envers le maghzen, en affectant une méconnaissance absolue de l'autorité chérifienne : débarquement à Larache, occupation d'El-Ksar; navires sous pavillon espagnol circulant de Mogador à Agadir pour fraterniser avec les officiers du stationnaire allemand, etc. Les procédés incorrects des officiers et fonctionnaires espagnols envers les nôtres, s'ajoutant aux diatribes de la presse nationaliste qui accuse le Gouvernement français de fomenter des troubles à l'intérieur de l'Espagne et d'envoyer des émissaires algériens dans le Riff pour soulever contre elle les indigènes, dénoncent une jalouse hostilité à l'égard de la France. On saura plus tard si l'Espagne a été bien inspirée en jouant ce jeu.

Entre temps, les garnisons espagnoles de Melilla et de Ceuta multipliaient les mouvements de troupes et les reconnaissances sur les confins de leurs territoires. Cette agitation inquiétant les tribus voisines leur a fait prendre les armes et des rencontres ont eu lieu, qui ont motivé l'envoi de renforts importants de la part de l'Espagne. Nous manquons de renseignements sur les combats livrés; ceux des 9, 12 et 18 septembre ont été, de part et d'autre, meurtriers.

De nouvelles opérations militaires ont été commencées dans la direction de l'oued Kert. L'effectif des troupes espagnoles concen-

---

(1) On lit dans le texte du procès-verbal établi par Sidi Mohamed Vargas, alors délégué chérifien : « ...Les délégués espagnols ont déclaré que Ifni est le lieu qui leur convient, bien qu'il ne soit pas le véritable Santa-Cruz... comme S. M. Moulaï-Hassan... veut augmenter les amicales relations avec S. M. le roi don Alfonso..., il accède à ce qu'il soit formé un établissement de pêcherie à Ifni... Tanger, 20 octobre 1883. Signé : Mohamed VARGAS. »

trées autour de Mellila est évalué à 50.000 hommes. Le général Luque, ministre de la Guerre, y est débarqué le 5 octobre. Un nouveau combat sérieux a eu lieu le 7, sur l'oued Kert, et les Riffains y auraient perdu un millier d'hommes.

Les Riffains font appel aux tribus de l'Innouen, du Moyen-Atlas, de Taza et de l'oued Sebou, et cette effervescence ne peut que compromettre la pacification des Berbères soumis par nos colonnes; ils accusent le maghzen et la France d'avoir cédé à l'Espagne tout le nord du Maroc, et notre attitude expectante n'est pas faite pour relever notre prestige aux yeux des Marocains.

L'ITALIE EN TRIPOLITAINE

Ce n'est pas sans étonnement que l'on apprenait la remise faite, le 28 septembre, par l'Italie, d'un ultimatum à la Turquie, sommée par le Gouvernement royal de lui abandonner la Tripolitaine sous la menace d'une déclaration de guerre, dans un délai de vingt-quatre heures, en cas de refus, ou faute de réponse. La Porte ottomane n'ayant pas donné satisfaction à cette demande, la flotte italienne se présentait devant Tripoli le 30 septembre.

Les griefs de l'Italie portent sur les fins de non-recevoir opposées par la Turquie à ses réclamations à propos des molestations et dénis de justice dont souffrent ses nationaux en Tripolitaine et en Cyrénaïque.

Il n'est pas douteux que le geste de l'Allemagne à Agadir a eu cette conséquence, imprévue de son auteur, de déclancher le départ de la flotte italienne pour Tripoli.

La France ne peut que se féliciter de voir l'Italie occuper une province arabe soumise à la Turquie dont la mauvaise administration, déjà signalée sous le régime hamidien (1), n'a été améliorée d'aucune façon sous celui de la Jeune-Turquie. Nous nous sommes d'ailleurs liés à l'Italie par une promesse sincère de désintéressement vis-à-vis de cette puissance quand nous avons reconnu ses droits éventuels sur la Tripolitaine, alors qu'elle-même avait reconnu la légitimité de notre protectorat sur la Tunisie. Le Gouvernement royal nous a prouvé sa gratitude au cours de la discussion de l'acte d'Algésiras où il a soutenu nos droits sur le Maroc, malgré les efforts tentés par l'Allemagne pour réfuter la thèse française.

Nous possédons l'Algérie, nous protégeons la Tunisie en droit et le Maroc en fait, par la force des choses, et ne pouvons plus y renoncer. L'Angleterre, de même, exerce son protectorat sur l'Égypte. Il est d'un haut intérêt pour la France que la Tripoli-

(1) « Partout, le sol qui compose la régence de Tripoli est mal cultivé, misérable et couvert de ruines. Ici, comme partout, on retrouve les tristes résultats de la domination turque. » Dussieux, *Géographie*, 1880, p. 914.

taine, état inorganique, limitrophe de la Tunisie, et dont l'hinterland s'étend jusqu'à nos possessions en Afrique centrale, soit soumise à l'Italie, à laquelle nous lient des affinités de race et les souvenirs de l'aide que nous lui avons prêtée en versant, pour son unité, le sang de nos soldats pendant la campagne de 1859.

Le départ de l'expédition italienne pour Tripoli a produit dans la presse allemande une vive émotion et un désarroi général. On sait combien l'empereur d'Allemagne choyait le sultan Abdul Hamid. Une mission militaire prussienne, dirigée par von der Goltz pacha, aujourd'hui feld-maréchal, avait réorganisé l'armée turque. La révolution militaire de 1908, qui renversa le régime hamidien, avait eu pour promoteurs des officiers turcs affiliés au comité « Union et Progrès » dont les membres avaient puisé leurs idées de rénovation libérale à nos écoles. Mais, par une conséquence inattendue, alors que les gouvernements à constitution démocratique se montraient sympathiques au nouveau gouvernement constitutionnel de la Turquie, c'est l'Allemagne autocratique qui s'érigeait en protectrice des Jeunes Turcs. Elle y gagnait de grands avantages en obtenant des concessions de chemins de fer, des commandes d'armes, de vaisseaux de guerre, de munitions et, mieux encore, elle évinçait la France et l'Angleterre, fournisseurs habituels de l'empire ottoman.

Cependant, l'activité diplomatique de l'Allemagne avait pour premier résultat, dès 1908, de décider la Turquie à céder, à l'amiable, deux de ses provinces, la Bosnie et l'Herzégovine, à l'Autriche. Le coup était rude; mais les Jeunes Turcs firent bonne figure à mauvais jeu. Aujourd'hui, la seconde puissance de la Triple-Alliance étant pourvue, la troisième, l'Italie, réclame sa part. De nouveau, la Turquie est invitée à lui céder la Tripolitaine à l'amiable. La tâche est ingrate. L'Allemagne ne peut rien reprocher à son alliée qui ne fait que suivre la voie ouverte par l'Autriche. Comment, d'autre part, consciente du respect limité qu'inspirent à l'Allemagne l'acte d'Algésiras et l'accord franco-allemand de 1909, l'Italie aurait-elle pu résister à la tentation de profiter des embarras de la Turquie pour s'emparer, de gré ou de force, de la Tripolitaine qui est à sa porte?

On compatit à la douleur de la Turquie; mais comment méconnaître qu'elle a créé de ses propres mains la situation dont elle est aujourd'hui la victime? Elle ne peut s'en prendre qu'à elle-même. La France et l'Angleterre étaient depuis des siècles les plus fidèles soutiens de l'empire ottoman (1). La campagne de Crimée, qui nous a coûté si cher sans nous rapporter le moindre avantage, avait, en 1854, sauvé la Turquie. De toutes les nations, la France est, sans contredit, celle qui avait accueilli le plus favorablement l'instauration du régime de la Jeune Turquie. Cependant son Gouvernement n'a cessé de nous prodiguer les mauvais offices : contestations au sujet de la frontière tunisienne, encouragements aux plus fanatiques représentants du panislamisme pour soulever contre nous les populations de l'Afrique centrale auxquelles des sujets turcs fournissaient des fusils à tir rapide et des munitions, à travers le Sahara tripolitain, etc.

Certains journaux de nationalités diverses proclament que l'Italie trouvera en Tripolitaine 30.000 soldats turcs qui, soutenus par 50.000 Arabes fanatisés, se défendront à outrance. D'autres affirment que nos voisins n'y trouveront qu'un désert sans valeur (2). C'est méconnaître absolument le pays et les résultats

(1) Le premier traité de commerce conclu entre la France et la Porte, et qui fut la base des *capitulations*, date de 1528; un traité d'alliance fut passé par Jean de la Forest, ambassadeur de François Ier, avec Soliman Ier en 1535. En 1543, la flotte de Kaïr ed Dinn Barberousse aidait les Français à reprendre Nice.

(2) Un correspondant de la *Tribuna*, qui a recueilli les déclarations d'un Arabe de la Tripolitaine, affirme que le chef des Senoussia, sollicité, par le Comité Union et Progrès (Jeunes Turcs), de prêcher aux tribus arabes la résistance acharnée contre les Italiens, s'y est refusé. Les Arabes se montreraient très mécontents du régime turc en Tripolitaine et Cyrénaïque.

« Nous ouvrirons nos bras, disent les chefs indigènes, à qui nous retirera de cet état honteux d'inaction, d'ignorance et de misère. Tandis que les autres populations islamiques, en Algérie, en Tunisie et en Égypte, ont vu développer leur commerce et leur agriculture, et leurs terres mises en valeur, nous avons nous, chaque année, toujours à craindre la disette; nous n'avons pas une seule route praticable pour porter à la mer les produits de l'intérieur. Les Turcs, en quatre-vingts ans de mauvais gouvernement, nous ont saignés à blanc avec leurs taxes et leurs impôts pour nourrir sur notre dos une armée de fonctionnaires qui sont nos pires parasites. De tous les millions que nous lui avons donnés, la Turquie n'en a pas employé un seul à améliorer le pays. »

Cette opinion est également celle du savant cheik tunisien Mohamed ben Osman el Haïachi, aujourd'hui bibliothécaire de la Grande Mosquée de Tunis, qui, en 1896, pour seconder le marquis de Morès dans l'imprudente expédition où il trouva la mort, s'était rendu dans l'oasis de Koufra, par la Cyrénaïque, en se faisant passer pour un

de l'administration turque qui n'a pas su le mettre en valeur. La proximité de la Tripolitaine y a amené de nombreux Italiens : leur Gouvernement sait ce qu'il doit faire et peut se passer des conseillers, bien ou mal intentionnés, qui lui crient : « Casse-cou ! »

Comme l'a dit un ancien résident général de Tunisie, M. Millet, l'Afrique méditerranéenne a été florissante pendant trois siècles de paix, sous la domination romaine que Byzance prolongea jusqu'au sixième siècle. C'était un véritable jardin, une forêt d'oliviers, d'orangers, d'amandiers créée par l'industrie romaine; ses moissons nourrissaient Rome et Constantinople. « Depuis lors on cherche en vain la graine utile que tant de peuples asiatiques ont semée sur ces bords désolés. L'histoire enregistre la série monotone des rapines et des destructions stupides... Et l'on s'étonne qu'après tant de siècles, l'Europe reprenne son bien? Il faudrait plutôt se demander comment elle a toléré si longtemps, à ses portes, l'opprobre d'une Afrique sauvage et d'une Méditerranée coupée en deux; et comment ce honteux abandon a survécu à la découverte de l'Amérique, à la conquête du globe, au rail, à l'électricité ! »

Les peuples barbaresques, ballottés depuis des siècles entre le despotisme et l'anarchie, ne peuvent être amenés à la civilisation que par un Gouvernement ferme, mais humain, connais-

---

marchand. C'est à Koufra que réside le mystérieux chef de la confrérie des Senoussia. C'est dans cet oasis de Koufra (dans l'hinterland désertique de la Tripolitaine) que se trouve Djerboub où a été élevé le tombeau de Sidi Mohamed ben Ali es Senoussi, fondateur de l'ordre dont l'autorité s'étend sur tout le Sahara central, sur le Bornou, l'Ouadaï et jusqu'au Touat. Au dire de notre Tunisien, le grand chef des Senoussia réprouve les crimes commis envers les chrétiens et préférerait au régime turc la domination européenne qui défendrait les tribus arabes contre les incursions des pillards touaregs. Mohamed el Haïachi est rentré en Tunisie par Ghat et Ghadamès. Dans la première de ces villes se trouvait une garnison de 35 à 40 soldats turcs commandés par un yusbachi : « Ces soldats, dit-il, ne montent pas la garde. Leur chef fait du commerce, et pour eux, ils sont payés par les habitants pour tirer l'eau des puits et travailler à la construction ou à la réparation des maisons... La plupart sont mal chaussés et vêtus de loques..., ils font quarante années de service et plus, quelques-uns ont passé la soixantaine. » A Mourzouk, il assista à l'arrivée du nouveau mutessarif du Fezzan. La garnison qui atteignait un effectif de 150 à 200 hommes, n'avait pas meilleure apparence. La plupart des soldats sont d'anciens esclaves très âgés. Ils ne touchent aucune solde et seulement le pain. Sidi Mohamed fut d'autant moins satisfait du régime turc qu'il faillit être assassiné avant d'arriver en Tunisie.

sant la société arabe et la mentalité musulmane. La France en a fourni la preuve en Algérie et en Tunisie, ainsi que l'Angleterre en Égypte. Les avantages que la paix, l'ordre et la justice font régner dans ces régions, sont non moins profitables aux indigènes qu'à toute l'Europe. Les deux foyers de barbarie et de fanatisme représentés par la Tripolitaine et le Maroc, disparaîtront dès que l'Italie et la France seront mises en mesure de compléter l'œuvre entreprise par nous depuis 1830.

La ville de Tripoli a été occupée, le 5 octobre, par des compagnies de débarquement de la flotte italienne.

Après un court bombardement qui, en épargnant la ville, a démantelé les forts Sultanié, du Phare, de la Jetée et Hamidié, la garnison turque, évaluée à 3.000 à 4.000 hommes s'est retirée à l'intérieur du pays. Les chefs arabes arborèrent aussitôt le drapeau blanc. Hassoun Karamanli, maire de Tripoli, accompagné des notables, remit la ville au capitaine de vaisseau Cagni qui le maintint en fonctions. La population arabe se réjouit de l'occupation italienne; elle a fait remise au commandant militaire de toutes ses armes.

Tripoli reprenait aussitôt sa vie normale. Les colonies étrangères qui s'étaient réfugiées en Tunisie et à Malte sont rentrées à Tripoli presque aussitôt. Les Arabes, assurés de voir respecter leurs femmes et leurs mosquées, sont absolument calmes et pacifiques. Les soldats turcs, en partie débandés et affamés, aux environs de la ville, demandent à se rendre. Les fonctionnaires ottomans sont rapatriés par les soins de l'autorité italienne.

La 1re division du corps d'occupation, embarquée en Sicile, est arrivée le 11 octobre devant Tripoli et y a débarqué le lendemain, aux cris de « Vive l'Italie ! » poussés par 30.000 personnes.

OPÉRATIONS MILITAIRES

(JANVIER 1912)

Les régions occupées par les troupes françaises ont bénéficié d'une parfaite tranquillité pendant les trois derniers mois de l'année 1911. Mais, dès le commencement de 1912, des symptômes d'effervescence se manifestaient dans la zone indéterminée qui sépare le *bled el Maghzen* du *bled es Siba* (1). La révolte qui couvait dans les tribus environnant Séfrou doit être attribuée à deux causes : l'une d'ordre général, l'autre d'intérêt particulier.

La première était motivée par notre attitude devenue passive.

La campagne du général Moinier, aussi rapide que brillante, avait raffermi l'autorité de Moulaï-Hafid. La pacification obtenue, il restait à assurer l'organisation du pays au point de vue politique, financier et militaire. La mise en œuvre d'institutions destinées à conduire progressivement le Maroc à la civilisation fut subitement arrêtée par l'acte *inamical* de l'Allemagne manifestant son intervention par l'envoi d'un cuirassé à Agadir le 1er juillet. Une conversation s'engagea, à propos interrompus, qui aboutit à l'accord franco-allemand du 4 novembre 1911. Mais il restait encore à le soumettre à l'approbation du Parlement. Cet accord a été consacré définitivement par le vote du Sénat le 12 février 1912. On conçoit aisément que ces huit mois de stagnation aient porté une sérieuse atteinte au prestige de la France, et que les fauteurs de désordre en aient profité pour annoncer aux tribus soumises la prochaine évacuation du Maroc par nos troupes.

A cette prophétie d'ordre général s'ajoutait, pour les tribus

(1) On sait que la fiction diplomatique représentée par l'empire chérifien est théoriquement divisée en deux parties inégales : le *bled el Maghzen* qui comprend les tribus soumises, c'est-à-dire payant l'impôt, et le *bled es Siba* qui s'étend en superficie sur les trois cinquièmes du Maroc (tribus du Rif, du moyen et du grand Atlas, et régions sahariennes). Le Maroc officiel est réduit aux plaines subatlantiques, de Tanger à Mogador, entre les montagnes et l'Océan, à la région centrale de Fez, à l'amalat d'Oudjda, et à plusieurs îlots en pays *Siba*, tels que Taroudant et le Tafilelt. Le bled el Maghzen s'étend plus ou moins selon que le pouvoir central peut s'y faire respecter ou non.

des environs de Séfrou habituées à rançonner cette ville et à couper les routes qui y donnent accès, l'irritation qu'elles ressentaient de l'établissement d'une garnison permanente et de la construction d'ouvrages fortifiés pour en assurer la protection.

Le 3 janvier 1912, de nombreux contingents des Aït-Youssi, Aït-Segrouchen, Aït-Isseg, tentaient de surprendre le fort Prioux. La garnison de ce fort, composée d'un détachement chérifien aux ordres du sergent Mazucca, de la légion étrangère (1), se défendit vaillamment, et l'arrivée de renforts amenés de Séfrou par le capitaine Richard d'Ivry (2), mit les assaillants en fuite. Ils abandonnaient sur le terrain une centaine de cadavres. L'engagement qui avait duré jusqu'à la nuit coûtait aux troupes chérifiennes cinq tués et quinze blessés.

Aussitôt prévenu à Fez, par la télégraphie sans fil, le commandant Brémond arrivait à Séfrou le 5 janvier avec 2.000 hommes. Une opération de police, dirigée par le général Dalbiez, fut entreprise afin de nettoyer les territoires compris entre Séfrou, Fez et Meknès (3). Les forces chérifiennes, poursuivant concentriquement les dissidents, parvinrent à les joindre à Immouzer, les 14 et 15 janvier, et les dispersèrent après leur avoir infligé de grandes pertes. Ces combats ne nous coûtaient que deux tués et six blessés. Après avoir rasé la casbah et le douar d'Immouzer, le général Dalbiez et le commandant Brémond rentraient à Séfrou le 17.

Dans le même temps, les convois circulant sur la route de Rabat à Fez, par Meknès, avaient été l'objet de fréquentes attaques de la part des Zemmour dissidents. Les fractions laborieuses et soumises de ce groupe important réclamaient notre protection contre leurs turbulents voisins. Le colonel Simon, parti de Souk el Arba, à la tête de cinq compagnies, un demi-

(1) Ce sous-officier était secondé par le maréchal des logis d'artillerie Lacassaigne.

(2) Cet officier, qui eut le cou traversé par une balle au début de l'action, resta au feu jusqu'à la fin du combat dont il conserva la direction; il était secondé par les lieutenants Guillaume et Hugot-Derville.

(3) Le capitaine Le Glay, commandant le poste d'El Hajeb, également prévenu par le télégraphe, concourut activement à cette battue avec son détachement. En dehors des troupes chérifiennes, un bataillon de tirailleurs algériens, un de la légion étrangère et un de sénégalais prirent part aux opérations.

escadron et une section de montagne, joignit un gros de Zemmour insurgés le 25 janvier, à Oudjef Soltan, et les dispersa. Son bivouac fut pendant la nuit l'objet d'un retour offensif de l'ennemi, mais les assaillants, vigoureusement reçus, furent mis en fuite. Cette attaque nous coûtait quatre tués et quinze blessés. Le détachement du colonel Simon rentrait à Souk el Arba le 26, au soir.

RELACHEMENT DE L'ACTION FRANÇAISE AU MAROC

Il est regrettable que les longues discussions consécutives à l'accord du 4 novembre aient quelque peu compromis au Maroc l'ascendant que nous devions à la campagne du général Moinier. Les tribus soumises par nos armes, et qui comptaient sur la France pour mettre un terme à leur misère, perdent peu à peu la confiance qu'elles avaient en nous; elles nous reprochent de ne les avoir assujetties que pour permettre au maghzen de les exploiter impunément, et ne sont pas éloignées de nous considérer comme complices de leurs spoliateurs.

Le Sultan et les gens du maghzen, voyant qu'aucun changement n'a été effectué depuis la signature de l'accord, interprètent notre inaction comme un signe de faiblesse. Ils reviennent de plus en plus aux procédés qui ont provoqué l'insurrection des tribus, en 1911, et profitent de notre inertie pour s'enrichir en les pressurant. Il serait temps de couper court à ces abus en fournissant au Sultan les moyens de vivre sans avoir recours à des procédés odieux, et en hâtant la réforme du maghzen et l'organisation du contrôle de l'administration chérifienne. Il n'est pas moins urgent de mettre un terme à l'accaparement des biens du maghzen et à leur dilapidation par les spéculateurs internationaux, en interdisant toute vente de terrain et d'immeubles dépendant de l'autorité marocaine.

On signale de Mogador, le 18 février, une recrudescence des abus fiscaux de tous les caïds du sud. A l'exemple du maghzen, sentant venir la fin du système actuel, ils profitent de la période de transition pour exploiter leurs administrés avec une rigueur inaccoutumée. On se plaint notamment des exactions du

M'touggi et de Drissould el Hadj Mennou, pacha de Marrakech. Il règne de ce fait un vif mécontentement parmi les tribus, et il est désirable, sous tous les rapports, que cette situation prenne fin.

L'état intérieur de l'empire chérifien appelle notre prompte intervention. Au 1er mars 1912, le protectorat n'est pas encore établi, et cependant la responsabilité de la France est engagée. Les plus graves abus risquent de se développer à l'ombre de notre drapeau et peuvent donner naissance à de nouveaux désordres. Il est nécessaire que nous fassions sentir notre action ferme et décidée, à bref délai, sous peine de compromettre le prestige que nous avait acquis le général Moinier en délivrant Fez au mois de mai 1911.

L'ACCORD FRANCO-ALLEMAND

L'accord du 4 novembre consacre définitivement le protectorat de la France au Maroc. Si l'Allemagne a réclamé, en échange de la reconnaissance de nos droits et à titre de « compensation », la cession d'une partie de notre colonie du Congo (1), c'est que nous avions créé des précédents en accordant à l'Angleterre en Égypte et à Terre-Neuve, à l'Italie en Tripolitaine, et à l'Espagne au Maroc, des compensations analogues.

Le traité du 4 novembre est la conclusion d'une politique bonne dans son principe, mais contestable dans ses moyens. Le manque de clairvoyance du Parlement, hypnotisé par les querelles de partis, lui a fait perdre de vue l'intérêt du pays; et c'est à des mœurs politiques ravalant toute question nationale au rang d'une question ministérielle que nous devons la forme blessante de la réclamation allemande et la carte à payer. C'est ainsi que M. Delcassé fut renversé en 1905 pour avoir oublié l'Allemagne dans la distribution des compensations accordées à d'autres pays, et M. Caillaux, en 1912, pour avoir réparé cet oubli. Dans l'intervalle, la chute des cabinets Briand et Monis avait pour cause une appréciation différente de la convention franco-allemande de 1909, qui avait pour but un rapprochement d'intérêts financiers parfaitement légitime. Entre les systèmes opposés, l'opinion parlementaire n'est pas fixée, mais tous sont bons s'ils aboutissent à une crise ministérielle. Les individus changent, mais les méthodes ne varient pas! Entre les partis qui combattent pour la conquête d'un portefeuille, le souci du rôle de la France dans le monde passe au second plan. Les opposi-

---

(1) En vertu du traité du 4 novembre 1911, la France abandonne à l'Allemagne environ 250.000 kilomètres carrés. Les territoires cédés au Congo permettent à la colonie allemande du Cameroun d'atteindre la mer en un point situé au sud de la Guinée espagnole, le fleuve du Congo, à Bangha, et son affluent l'Oubanghi, près de Mougomba (art. 1).

L'Allemagne d'autre part (art. 2) cède à la France la partie orientale de ce que les géographes nomment le *bec de canard* du Cameroun, entre le Chari à l'est et le Logone à l'ouest; soit une superficie d'environ 15.000 kilomètres carrés.

tions n'ayant qu'un but, la chute des cabinets, les ministres ne songent qu'à se défendre et à vivre. Ce jeu dangereux et coupable a pour résultat de discréditer dans le passé tous ceux qui ont parlé, négocié, traité en son nom, et qui peuvent être appelés à le faire dans l'avenir.

La cession d'une partie du Congo français est à coup sûr regrettable, mais surtout au point de vue sentimental, en souvenir du grand explorateur Savorgnan de Brazza qui nous l'avait donné, et qui restera le prototype du conquérant pacifique, apôtre de la race noire. En fait, rien n'est plus légitime que l'échange entre gouvernements de territoires coloniaux où la civilisation n'a pas encore pénétré. Leur valeur est d'autant plus discutable que l'avenir seul pourra la fixer. C'est pourquoi, en France comme en Allemagne, les partis d'opposition ont eu beau jeu pour reprocher à leurs gouvernements respectifs d'avoir conclu un marché de dupes. Les pangermanistes blâment l'acquisition de territoires congolais marécageux et improductifs dont les indigènes sont décimés par la maladie du sommeil; tandis que nos nationalistes soutiennent que nous abandonnons le plus beau fleuron de notre domaine colonial. En France surtout, les adversaires du Gouvernement, à la Chambre des Députés et au Sénat, ont réclamé enquête sur enquête, afin de trouver un bouc émissaire parmi les ministres présents ou passés. Ce sont là jeux parlementaires dont le président du Conseil, M. Poincaré, a fait justice. Les fautes dont on peut accuser notre diplomatie remontent assez loin dans le passé. C'est le voyage sensationnel de l'empereur Guillaume II à Tanger, en 1905, qui a forcé M. Delcassé à une tentative de négociation directe avec l'Allemagne; mais, faute de propositions précises, elle n'a pu aboutir. Ensuite M. Rouvier, officieusement et officiellement, a exprimé le vœu d'une entente. C'est alors pour la première fois qu'il a été question du Congo. Il s'agissait, a dit M. de Kiderlen-Wæchter à la Commission du budget au Reichstag (1), de savoir si l'Allemagne ne pourrait être indemnisée au Congo, au profit de sa colonie du Cameroun séparée du Congo français par une

(1) *Norddeutsche Zeitung* du 24 novembre 1911.

limite indécise. « Il est exact, comme l'a reconnu notre ministre des Colonies, M. Lebrun (1), répondant au comte de Mun, — que jusqu'à il y a deux ans, presque rien n'avait été fait au Congo... Au début de 1908, un cinquième à peine de son territoire était occupé... » La frontière, que nous ne gardions pas, les Allemands la franchissaient. En vain demandait-on au Gouvernement de remplir son devoir : il n'osait, parce qu'une campagne, née dans les milieux commerciaux à l'étranger, se poursuivait en France même, discréditant systématiquement tous ceux qui, de près ou de loin, s'occupaient du Congo. L'Allemagne, mieux que personne, connaissait nos faiblesses et se réservait d'en profiter un jour. Ce sont les diffamateurs du Congo qui ont préparé la perte des territoires que nous devions à la conquête pacifique de Brazza.

Cependant, l'accord du 9 février 1909 conclu avec l'Allemagne (peu après le conflit aigu provoqué par l'incident des déserteurs de Casablanca) devait inaugurer une politique de détente entre les deux pays. Le ministre français signataire de cet acte, M. Pichon, pouvait très légitimement se montrer satisfait d'un traité fondé non seulement sur la bonne volonté des gouvernements, mais encore sur la bonne entente des deux pays industriels collaborant au développement économique du Maroc et du Congo. Mais la chute du cabinet Briand interrompit les projets en cours, et le ministère présidé par M. Monis refusa de donner suite aux engagements signés en 1910 par MM. Pichon et von Schön (2).

---

(1) Chambre des Députés, séance du 15 décembre 1911.

(2) Rien n'était plus légitime que d'encourager des associations commerciales et industrielles franco-allemandes au Cameroun, au Congo et au Maroc, mais l'application en a été rendue difficile par la différence des méthodes appliquées par les deux gouvernements. Le nôtre peut encourager des sociétés financières, mais sans consentir à mêler directement l'action gouvernementale à l'action industrielle ou commerciale. Ce sont des domaines qui peuvent se pénétrer parfois, mais qui ne doivent pas se confondre, les sociétés gardant toujours un caractère privé. En Allemagne, au contraire, le Gouvernement constitue lui-même des sociétés auxquelles il assure une sorte de monopole. Comme l'a dit M. Ribot, au Sénat, le ministre des Affaires étrangères n'est pas le notaire désigné pour ces sortes d'associations. Nous n'acceptons pas de leur donner un caractère gouvernemental soumis à l'approbation de la Commission du budget et du Parlement, selon la méthode de nos voisins. Chez eux la diplomatie joue le rôle de mandataire permanent de l'industrie nationale. Ils attendent d'elle, non seulement la découverte des affaires, l'initiative des ententes,

Le pays ne se soucie guère des conflits posthumes qui peuvent opposer les uns aux autres les ministres qui se sont succédé. Dans cette longue affaire, personne n'est sans reproche, les uns ayant péché par action et les autres par omission. Soit au Maroc, soit au Congo, les intrigues des parlementaires et la faiblesse des gouvernants ont, pendant des années, préparé sa dernière crise. Présidents du Conseil, ministres des Affaires étrangères, ministres des Colonies, presque tous les détenteurs de portefeuilles, depuis 1902, peuvent être mis en cause. Il serait vain de perdre son temps à la recherche des responsabilités. Insuffisante préparation européenne des problèmes coloniaux, défaut de continuité dans les négociations avec l'Espagne, mise en pratique hésitante des réformes que l'acte d'Algésiras nous donnait le droit d'accomplir, abandon presque complet du Congo, inoccupation de sa frontière permettant aux étrangers sans titre de s'y installer, etc.

Si les critiques formulées par les orateurs de l'opposition n'ont pas manqué de justesse, elles portent l'empreinte d'une exagération voulue et passionnée : le Maroc est un gouffre militaire, un gouffre budgétaire, un guêpier d'où sortiront des causes perpétuelles de conflit avec l'Allemagne, avec l'Espagne, etc. Ce sont là jeux parlementaires auxquels nous sommes habitués et dont le pays ne s'émeut pas.

Comme l'indiquait très justement le comte d'Haussonville (1) : « On dit parfois qu'à la guerre celui-là a gagné la bataille qui croit l'avoir gagnée. C'est un peu un paradoxe. Mais en diplomatie il y a du vrai. Rien n'était facile comme de faire de cette transaction un succès pour la France. L'Allemagne la

---

mais encore une protection directe et immédiate qui en impose aux concurrents et constitue un privilège. Nos traditions et nos mœurs, toutes différentes, nous ont malheureusement trop longtemps éloignés des grandes luttes économiques qui divisent le monde; et c'est en vain, trop souvent, que nous réclamons de nos représentants à l'étranger l'aide et le secours dont la défense de nos intérêts au dehors ne peut se passer. Nous voudrions, à juste titre, voir notre diplomatie moins timide et surtout mieux renseignée, plus alerte dans les voies du négoce. S'il est une limite d'intervention et de protection qu'elle ne doit pas dépasser, il reste au Gouvernement une zone d'action étendue, sans qu'il ait à poursuivre la politique des affaires avec l'âpreté dont certains de nos concurrents font preuve.

(1) *Figaro* du 6 janvier 1912.

considérait ainsi, et sa mauvaise humeur nous faisait la partie belle. L'Europe envisageait les choses de même et je pourrais, si ce n'était trahir le secret des conversations, rapporter des propos significatifs échappés aux représentants mêmes des puissances adverses. Au lieu de cela, on s'est complu, on se complaît encore à exagérer le sacrifice, assurément douloureux, que nous consentons, et à déprécier ce que nous acquérons. On exalte le Congo, que nous aurions, dit-on, perdu. On fait fi du Maroc dont on représente le protectorat comme sans valeur, parce que certaines régions y échappent en partie et parce qu'il se heurte à certaines restrictions. »

Entre le Maroc d'hier soumis entièrement, en droit et en fait, au régime international, subordonné en toutes matières à l'assentiment de douze puissances, ouvert constamment à l'intervention étrangère et aux rivalités politiques, et le Maroc de demain, placé sans conteste, de l'Algérie à l'océan Atlantique, sous la suprématie militaire, administrative et financière de la France, susceptible d'être par elle pacifié, réformé, enrichi, il y a cependant quelque différence. L'accord marocain est un grand résultat, suite d'une œuvre historique dont il dépend de nous de développer les heureuses conséquences.

Il est vrai que l'accord congolais est le prix de l'accord marocain. Les abandons que nous avons dû consentir, matériels et sentimentaux, nous coûtent un sacrifice. Mais, puisque nous avions besoin du Maroc pour compléter notre empire nord-africain, et que nous l'avions déjà payé à trois puissances, pouvions nous refuser à l'Allemagne l'équivalent du prix déjà remis à l'Angleterre, à l'Espagne, à l'Italie? Acheté plus tôt, il eût peut-être coûté moins; acheté plus tard, il nous eût certainement coûté plus. Pouvons-nous abolir nos engagements antérieurs? Et parce que l'Espagne aura une part du Maroc, fallait-il renoncer à l'occasion que nous offrait l'Allemagne d'assurer notre mainmise sur le reste? Poser la question, c'est la résoudre.

Ce n'est pas d'aujourd'hui que les partis d'opposition prennent argument de toute action militaire, et plus particulièrement de toute expédition coloniale, pour combattre le Gouvernement et pour prédire les pires calamités.

A trente ans de distance, rien n'est plus instructif que de relire les discussions motivées par l'établissement de notre protectorat en Tunisie. Elles se sont reproduites presque textuellement, à la Chambre et au Sénat, à propos de notre intervention au Maroc.

M. Jules Delafosse interpellant Jules Ferry, le 24 mai 1881, disait :

« Ainsi donc, le Gouvernement a l'intention de faire en Tunisie des ports, des phares, des chemins de fer, des irrigations, des stations d'eaux thermales, et je ne sais quoi encore : avec quel argent et au profit de qui?

« Si la France n'avait d'autre rôle dans le monde que d'être la bienfaitrice de l'humanité, et, comme le veut l'honorable M. Barthélemy Saint-Hilaire, le pionnier de la civilisation, il est certain qu'un pareil programme aurait droit à tous les éloges, à tous les hommages. Mais la France a d'autres devoirs envers elle-même, et, au premier rang de ses devoirs, je place la nécessité de veiller au bon emploi de ses ressources, comme notre devoir à nous est de prévenir le gaspillage.

« A ce point de vue, le programme du Gouvernement contient une lacune. Il omet de nous dire ce que doit coûter sa philanthropie, et si ma question n'est pas indiscrète, je lui demande à quelle somme il évalue la réalisation de ce programme jointe aux frais de l'occupation militaire. Quand il aura fait ce calcul, si toutefois il est capable de le faire, je lui demanderai encore de nous dire par quels avantages, mêmes hypothétiques, il compte balancer les charges certaines...

« Je vous demande, Messieurs, s'il est raisonnable d'organiser un pays qui n'a même pas la libre disposition de ses revenus... »

Et le 6 novembre 1881, M. Amagat :

« Pour avoir raison des populations insurgées de la Tunisie, vous devrez occuper militairement une longueur de plus de 250 kilomètres de terrain sur plus de 100 kilomètres de large... Vous avez engagé le pays dans une entreprise dont il ne peut prévoir la fin, entreprise absolument inutile pour la France et pour sa gloire...

« Le traité du Bardo ne nous donne rien que nous ne possédions déjà... J'affirme que la France ne gagne rien en matière commerciale, puisque par les clauses du traité nous sommes tenus d'assurer à l'Europe et particulièrement à l'Angleterre, sous notre protectorat, les mêmes avantages qui lui étaient garantis par la Régence... »

Le 10 novembre, M. Clemenceau, au cours d'un long réquisitoire contre les « intérêts particuliers », disait à Jules Ferry : « Vous vous êtes engagé en Tunisie à la suite d'affaires fâcheuses. Vous avez porté atteinte à la situation diplomatique de la France. »

Et le comte de Mun, surenchérissant avec vigueur, s'écriait : « Nous sommes demeurés les témoins attristés de ce débat cruel pour l'honneur de la France... Il faut que les actes, dont la gravité est à nos yeux clairement établie, entraînent pour le ministère qui les a commis le jugement qu'il mérite. »

Après quoi l'on votait sur l'enquête proposée; mais elle ne recueillait que 161 voix, associant comme de coutume l'extrême droite et l'extrême gauche, contre 328 voix pour le Gouvernement.

Le 18 novembre, M. Janvier de la Motte dénonçait de nouveau à la Chambre « les agissements du ministère ». C'est encore le duc de Broglie disant au Sénat : « Votre traité est un nid à procès. » Et M. Camille Pelletan s'écriant (18 juillet 1882) : « Non, vous ne pourrez pas supprimer les capitulations ! »

Si Jules Ferry, pour répondre aux virulentes attaques de ses adversaires précités, et de tant d'autres, avait répliqué qu'en moins de quinze ans la Tunisie donnerait des excédents budgétaires constamment croissants, la Chambre l'eût, sans aucun doute, accueilli par une explosion d'hilarité.

Les chiffres sont là pourtant : ils se montaient à 8 millions en 1896, à 28 millions en 1902; à 51 millions en 1907.

Et cependant, l'homme d'État qui a donné à la France la Tunisie et le Tonkin a vu sa carrière tragiquement interrompue par l'affaire de Lang-Son, transformée en désastre par la nervosité parlementaire, sur la foi d'un télégramme erroné ! Jules Ferry a succombé sous le poids d'ineptes calomnies : on l'avait accusé d'avoir inventé les Kroumirs pour provoquer notre intervention en Tunisie, et d'avoir voulu conquérir l'Indo-Chine à la requête de spéculateurs éhontés. Un pamphlétaire spirituel, M. Henri Rochefort, l'avait stigmatisé du nom de « pépitier ! »

Aujourd'hui Jules Ferry est entré dans l'histoire.

Elle se répète d'ailleurs : de 1830 à 1840, combien de fois le Gouvernement de Louis-Philippe a-t-il été sommé d'évacuer l'Algérie? Voici une interpellation de Berryer (1838) :

« Est-ce que la France peut être réduite à vivre dans une aussi grande question sous l'empire d'une nécessité à laquelle elle obéirait seulement? Y a-t-il un homme qui puisse consentir à déclarer que la France aura un établissement permanent de 50.000 hommes en Afrique, un budget permanent extraordinaire de 40 millions, sans savoir pourquoi, sans connaître précisément le but qu'on se propose et les avantages qu'on peut en retirer? Il est évident que cette question doit être nettement résolue.

« Y a-t-il des avantages certains dans la conservation de la Régence africaine? C'est là, Messieurs, la question qu'il faut développer devant vous... »

Ce qui n'empêche que, depuis 1900, les recouvrements du budget spécial de l'Algérie ont passé de 54 à 102 millions, les recettes des chemins de fer de 29 à 45 millions, le commerce de 500 millions à 1 milliard.

Qui donc aujourd'hui oserait demander l'abandon de notre domaine colonial? S'imagine-t-on ce que serait la France sans l'Algérie?

La concurrence porte toutes les nations à s'ouvrir des débouchés nouveaux : sans léser les droits d'autrui, sans chercher querelle à personne, nous avons, nous aussi, le devoir de travailler en vue d'une *plus grande France.*

L'ORGANISATION DU PROTECTORAT

(1912)

L'heure est venue où l'anarchie marocaine doit prendre fin, où une administration honnête et régulière remplacera le régime chérifien fondé sur la corruption et la concussion, où la sécurité des personnes et des biens sera assurée, où les affaires pourront être loyales, les richesses latentes exploitées, les ports utilisés, des voies ferrées construites. Telles sont les obligations de notre protectorat.

Alors commencera pour la France la rémunération des sacrifices qui lui ont été imposés en Afrique, depuis plus de quatre-vingts ans, par le voisinage du Maroc.

Nous sommes désormais les protecteurs et les conseillers du Sultan. Mais il ne faut pas se dissimuler que Moulaï-Hafid, avant de pouvoir administrer son empire sous notre tutelle, doit préalablement y faire reconnaître son autorité. Administrer, dans tout pays, consiste à percevoir l'impôt. C'est avec l'impôt qu'on crée les routes, qu'on gage les emprunts qui permettent de construire les chemins de fer, de creuser les ports et de développer le commerce et l'industrie. Toute cette politique de civilisation et de progrès est soumise à une condition primordiale : le maintien de l'ordre et de la paix, que seule la force armée peut assurer.

Il en résulte que l'exécution d'un programme de réformes est subordonnée à la constitution d'une armée marocaine. Nous en possédons déjà les éléments dans les tabors organisés par les officiers de notre mission marocaine à Fez, et dans les goums levés en Chaouïa. Ce sont des instruments admirablement adaptés à la fonction pour laquelle ils ont été créés; ils ont fait leurs preuves, et il nous sera facile de porter leur effectif à 20.000 hommes, ou plus, commandés et encadrés par des officiers et des gradés tirés de nos régiments algériens et tunisiens (1). Il n'y

(1) Il ne saurait être question de former des régiments modelés sur ceux de tirailleurs et de spahis. Il semble qu'au début le type du groupement le plus favorable

a d'ailleurs qu'à continuer ce qui a été commencé depuis longtemps déjà sur la frontière oranaise, dans les Chaouïa et à Fez. C'est une œuvre de souplesse et d'opportunisme essentiellement pratique et féconde pendant la phase créatrice dans laquelle nous sommes entrés. Il n'est sans doute pas inutile d'y insister, car il a été déjà question, dans certains bureaux impénitents et mégalomanes, d'importer toute construite au Maroc l'organisation d'un corps d'armée du type métropolitain, avec son appareil majestueux d'états-majors et de services annexes.

La pacification ne peut être obtenue que par la force. Mais il ne s'agit pas d'entreprendre une opération militaire générale pour dompter simultanément, ou à peu près, toutes les régions insoumises à l'autorité du maghzen. En contact avec l'Islam depuis 1830, nous ne retomberons plus dans l'erreur qui nous a coûté si cher en Algérie. Ce ne seront pas des campagnes de guerre que nous aurons à entreprendre, mais plutôt des opérations de police successives. Montrer notre force sera le plus sûr moyen de ne pas être obligés d'y avoir recours. La pénétration doit se faire « en tache d'huile », avec la succession des efforts pour base en partant des territoires déjà organisés pour l'organisation ultérieure des régions voisines, préparée de proche en proche par la politique indigène de nos officiers du service des renseignements.

Nous ne devons pas songer à une conquête immédiate et générale, comme celle que l'Italie a entreprise en Tripolitaine; pas plus que nous ne devons rester inertes, comme les Espagnols en face des Riffains dont ils ne peuvent vaincre la résistance (1).

---

doit se rapprocher de la *compagnie mixte,* unité comprenant les trois armes qui a été employée en Tunisie, de 1881 à 1887, avec un plein succès. Il y en eut jusqu'à douze.

(1) L'apparente facilité avec laquelle le général Moinier a conquis Fez et Meknès et rétabli l'autorité de Moulaï-Hafid, a donné lieu de penser que les Marocains, réputés indomptables, avaient beaucoup perdu de leurs vertus guerrières et de leur fanatisme religieux. C'est une erreur absolue. L'Espagne en peut témoigner, car elle a mobilisé jusqu'à 50.000 hommes sans avoir jamais pu dompter et désarmer les Berbères à courte portée de Mellila et de Tetouan; de même l'Italie a débarqué 120.000 hommes dans la régence de Tripoli, sans pouvoir pénétrer à l'intérieur, bien qu'elle occupe la côte depuis le 5 octobre 1911. La France est seule à posséder une

Le Maroc comprend plusieurs régions distinctes, mal déterminées, séparées par des chaînes de montagnes, dont les populations se connaissent à peine et ne s'entendent pas. Une hostilité séculaire divise sur la côte de l'océan Atlantique les tribus du Gharb (au nord) et du Haouz (au sud). Dans chaque région, nous trouvons des querelles de tribu à tribu, et dans la tribu, de douar à douar. Chez les montagnards Kabyles, les vieilles traditions berbères ont persisté jusqu'à nos jours : les haines de clans (*çofs*), les rancunes de familles, les vendettas, ensanglantent les cimes de l'Atlas et les vallées du Riff. Il n'est pas jusqu'aux *Ksour* (villages fortifiés) des régions sahariennes qui ne se combattent perpétuellement.

Les méthodes employées par les généraux Lyautey en Oranie, et d'Amade dans les Chaouïa, démontrent les excellents et durables résultats qu'une politique avisée peut atteindre, à condition d'être soutenue par la présence d'une force militaire respectable.

En s'y prenant méthodiquement, il y aurait à procéder à l'occupation des régions suivantes, par ordre d'importance :

1° Le Haouz (1) et le Gharb, opération facile, les Arabes de la côte nous étant favorables et ne réclamant que l'ordre et la justice; mais immédiatement aussi, et *à tout prix*, la trouée de Taza, que nous tenons déjà par les deux bouts, et dont la possession doit assurer la voie directe d'Oudjda à Fez (160 kilomètres). Les Kabyles que nous y rencontrerons sont des adversaires sérieux, mais non plus redoutables que les Beni-Snassen que le général Lyautey a soumis en 1906, et les Chaouïa dont le général d'Amade a fait nos plus fidèles alliés;

2° Les plateaux qui dominent ces régions;

3° Le Sous;

4° La Dahra ou région marocaine des hauts plateaux.

---

armée arabe d'une fidélité éprouvée, dont l'instinct guerrier atavique n'a été que fortifié par la discipline acquise sous notre drapeau. En employant des musulmans à combattre leurs coreligionnaires, nous évitons de blesser le sentiment religieux qui *seul* unit Arabes et Berbères en vue de la *guerre sainte* contre le chrétien, car toute idée de nationalité leur est étrangère.

(1) Il paraît urgent d'occuper Marrakech à bref délai, cette ville étant le centre d'attraction des tribus du Haouz.

On peut discuter les avantages respectifs du régime civil et du régime militaire pour la constitution du protectorat. Il semble que pour assurer le fonctionnement du pouvoir civil, il est auparavant nécessaire de laisser au commandement militaire la haute main jusq'à l'achèvement de la pacification.

Depuis l'avènement de la République, nos gouvernements ont toujours proclamé la suprématie du pouvoir civil aux colonies, avant même que la conquête en fût assurée. C'est ainsi qu'à Madagascar on crut en avoir fini aussitôt après la prise de Tananarive. L'île semblait soumise; on y intalla aussitôt un gouvernement civil ayant sous ses ordres le chef des troupes d'occupation. Celui-ci, comme le Résident général d'ailleurs, était animé des meilleures intentions. Néanmoins, les événements déjouèrent les prévisions. On dut nommer un gouverneur militaire qui fut le général Galliéni et la pacification fut assurée. Elle avait été retardée de deux ans. Cette récente expérience serait de nature à démontrer que, pour assurer l'exercice du pouvoir civil, il est préalablement nécessaire de laisser au commandement militaire la suprématie pendant un délai indéterminé. Au Maroc dont les quatre cinquièmes de la population n'ont jamais reconnu le gouvernement du maghzen, la pacification prendra du temps, étant donné qu'elle devra suivre une marche lente et progressive « en tache d'huile » pour éviter les errements suivis en Algérie, dont la conquête exigea pendant dix ans (1837-1847) la présence d'une armée de cent mille hommes.

D'autre part, l'occupation du Maroc se présente à nous dans de tout autres conditions. Le Gouvernement de Charles X était allé à Alger sans avoir l'intention d'y rester (1). Celui de Louis-Philippe, fort embarrassé de la conquête léguée par la Restauration, ne put répudier l'héritage, à son grand regret. La France d'alors n'avait aucun désir d'acquérir de nouveaux domaines : elle avait renoncé à toute idée de politique coloniale depuis que Louis XV avait perdu l'Inde et le Canada (1763); à ce point que

---

(1) Voir mon étude : *La Campagne du Maroc et les enseignements de la guerre d'Afrique*, Berger-Levrault, 1908.

Bonaparte, en 1803, abandonnait Saint-Domingue et vendait aux États-Unis la Louisiane. On sait quels arguments furent invoqués contre l'annexion de la Tunisie, de l'Indo-Chine, de Madagascar, du hinterland algérien, de l'Afrique occidentale et équatoriale, de l'Ouadaï, de la Mauritanie, etc. Mais aujourd'hui, les Français contempteurs de notre expansion mondiale ont perdu tout crédit. A son plus grand honneur, la troisième République a planté le drapeau tricolore sur un vaste domaine peuplé de 50 millions d'âmes, dont elle a pour mission d'améliorer l'existence matérielle et morale. Est-il une plus noble tâche pour accroître et répandre dans le monde le rayonnement de la puissance française?

Le commandement militaire possède, *a priori*, l'avantage du prestige qu'il exerce sur les Arabes et les Berbères, *gens de poudre*, habitués à ne respecter que la force. Mais si nous considérons que le protectorat du Maroc exige, pour régler les questions diplomatiques, financières, industrielles, etc., et les rapports internationaux, un travail de cabinet auquel le commandement militaire, responsable de la pacification et du maintien de l'ordre, ne pourrait suffire, nous admettrons qu'il est nécessaire de partager la besogne. Mieux vaut donc laisser au résident général et au général placé à la tête des troupes les directions respectives des services civils et des services militaires auxquels ils sont préparés. L'essentiel est qu'ils s'entendent et qu'ils soient bien choisis. Tant vaudront les hommes, tant vaudront les résultats.

C'est d'ailleurs l'opinion du Gouvernement.

Comme l'a dit très justement M. Poincarré, président du Conseil (1) : « C'est à Fez, sur place, que devra être étudié le régime à instituer, et il faut se garder à Paris, dans les bureaux des Affaires étrangères, des Colonies ou de l'Intérieur, de toute idée préconçue ou de tout projet systématique. Je souhaite, comme M. Ribot (2), que, pour assurer les débuts du protectorat, nous

(1) Sénat, séance du 12 février 1912.

(2) Sénat, séance du 11 février 1912. Discours de M. Ribot : « Seulement, quand vous aurez trouvé cet homme, il faudra le laisser tout entier à sa tâche et ne pas prendre l'habitude de le faire constamment voyager, de l'obliger pendant des mois

trouvions un homme qui unisse aux aptitudes administratives et diplomatiques l'esprit de méthode et l'esprit de finesse, de souplesse et d'énergie... »

Dans ses remarquables instructions adressées à ses officiers, le général Lyautey a tracé la marche à suivre; il écrivait en juin 1905 :

« Malgré l'expérience de Madagascar, malgré les leçons données par le général Galliéni et l'efficacité de la méthode mixte qu'il a instaurée, on s'obstine en France, dans les milieux diplomatiques et militaires, à n'envisager la question marocaine que sous l'aspect d'un dilemme : douceur *ou* force, négociation *ou* combat, pénétration économique *ou* pénétration militaire, en un mot continuation du gâchis actuel *ou* expédition. Sauf pour le dernier terme, que l'on substitue *et* à *ou* et l'on aura la méthode rationnelle et efficace... Il faut procéder par zones où nous restaurerons l'ordre au nom du Sultan, et faire la « tache d'huile », en n'abordant une zone qu'après avoir organisé la précédente, l'avoir mise en exploitation, y avoir assuré la rentrée des impôts, de sorte que l'affaire paie à mesure. »

Les fonctionnaires chérifiens sont absolument incapables de cette besogne :

« Quand on trouverait des fonctionnaires chérifiens actifs et réellement résolus à faire régner l'ordre, quand on leur donnerait des effectifs supérieurs à ceux dont ils disposent, il leur manquerait toujours l'initiative, la décision, la rapidité d'exécution. En outre, il y a toujours dans leurs affaires une part de cupidité qui vicie toutes leurs actions. Il leur importe beaucoup moins d'établir l'ordre d'une manière durable que de mettre la main sur de soi-disant coupables riches et d'en obtenir rançon. Du même esprit de cupidité résulte l'impossibilité d'organiser des forces sérieuses : la solde, première condition d'existence d'une bonne troupe, n'étant jamais assurée, je n'ose affirmer que la

à rester dans les vestibules des Assemblées pour y défendre ses actes et pour expliquer sa politique. C'est à vous de le défendre et de couvrir les fonctionnaires. Lord Cromer, qui a passé quinze ans en Égypte, n'est pas revenu en Angleterre pour perdre son temps dans les couloirs de la Chambre des Communes ou de la Chambre des Lords. Il y a là des habitudes à corriger... »

présence d'instructeurs français puisse modifier l'état présent (mai 1906). »

Et, dans ses instructions au sujet de l'organisation des Beni-Snassen, le général Lyautey disait :

« Il faut s'efforcer avant tout de faire de nos postes un centre d'attraction pour les indigènes. Après la répression, l'objectif est de réaliser la pacification matérielle et morale, en habituant les indigènes à notre contact, en leur faisant apprécier le bénéfice que nous leur procurons par nos achats de denrées et de bois, par la protection et l'arbitrage dans les conflits locaux, par l'amélioration des communications, par l'assistance médicale, etc...

« Les officiers du service des renseignements... doivent connaître parfaitement les tribus, leurs chefs, les çofs qui les divisent; les parcourir fréquemment et être au courant de leurs affaires pour garantir le bon ordre général, la sécurité de nos troupes et de nos nationaux et faire prédominer chez les indigènes les principes de justice et de probité dont le progrès doit être le résultat de notre occupation et doit en faire apprécier les bienfaits par les populations.

« La mobilité, l'initiative, la liaison incessante entre les divers organes sont indispensables; il y faut du savoir-faire et de l'habileté, combinés avec des manifestations opportunes de la force... »

Pour longtemps encore, c'est à nos officiers des affaires indigènes que sera imposée la tâche ardue, mais captivante, de guider les tribus marocaines dans la voie du progrès accessible. Elle exige la complexité des qualités morales, intellectuelles et physiques, une activité inlassable, avec le mépris absolu de tout ce qui compte comme agréments dans la vie civilisée. Mais les hommes qui se vouent à cette haute mission, presque évangélique, trouvent des satisfactions intimes et profondes et un intérêt de tous les instants à cette œuvre de justice. Est-il une plus belle mission que de s'attacher à la régénération d'une race fière, guerrière, intelligente, tyrannisée depuis des siècles par des potentats égoïstes, cupides et cruels?

Si, pendant de trop longues années, nos officiers des *bureaux arabes* ont eu la fâcheuse réputation qu'ils étaient loin de mériter dans leur ensemble, c'est qu'au début de la conquête de l'Algérie, l'idée avait prévalu que, pour gouverner les indigènes, il fallait continuer le système turc, fondé sur l'arbitraire et le bâton. Il n'en est plus de même, depuis longtemps, et notre armée d'Afrique peut fournir aujourd'hui une pléiade d'officiers de haute culture et de grand caractère, plus épris de faire œuvre utile et patriotique que de distractions mondaines et de faveurs gouvernementales. Ce sont les bons ouvriers de la cause française et ils sont légion.

OPÉRATIONS MILITAIRES

(FÉVRIER-MAI 1912)

La saison des pluies ayant interrompu les opérations de police sur nos lignes d'étape, les dissidents Zaïan, Zemmour, Guérouan et Zaer en ont profité pour attaquer nos convois sur les routes de Rabat à Fez et de Rabat à Meknès.

En même temps, les Aït-Youssi, les Beni-Mtir et les Beni-Ouaraïn reprenaient les hostilités aux environs de Séfrou.

Le retour du beau temps permit, dès la fin de février 1912, d'organiser des *tournées de répression*.

Le général Ditte, chargé d'opérer dans la région du Sud-Ouest, constitua deux colonnes, l'une sous le commandement du colonel Taupin partant de Meknès le 25 février, l'autre sous le commandement du colonel Brulard (1), partant de Souk el Arba à la même date. Ces deux colonnes devaient opérer isolément d'abord, puis faire leur jonction au sommet du Tafoudaït, immense plateau aux abords escarpés qui sert de refuge aux insoumis. Le général Ditte marchait avec la colonne Brulard.

La colonne Taupin comprenait 10 compagnies d'infanterie sous les ordres du lieutenant-colonel Mazillier, 1 batterie de 65 de montagne (capitaine Baucher), 1 escadron de spahis (capitaine Sala). Elle campait à Agouraï le 27 et se portait le 28 sur le Tafoudaït par les gorges de Bou-Achouch.

A l'entrée de ces gorges, l'avant-garde était attaquée : son déploiement mit les assaillants en fuite, et la colonne pénétrant dans le défilé y faisait halte vers 4 heures du soir sous la protection de sa cavalerie. Vers 5 heures, le poste de cavalerie qui faisait face à l'ouest, violemment attaqué, dut se replier. Un détachement de la 11e compagnie du 3e sénégalais se porta à son soutien, à 400 mètres du camp. Assailli par un gros de Marocains, il se trouvait dans une situation critique quand il fut renforcé par la section du lieutenant Asquier qui, par une vigoureuse offensive, repoussa l'ennemi.

---

(1) Le colonel Brulard a été promu général de brigade le 28 mars 1912.

Vers 9 heures, une attaque générale se produisait contre le camp. La section Asquier entourée, ayant six blessés dont deux mortellement, dut se frayer passage à la baïonnette et put regagner un piton situé à 200 mètres de la face ouest du camp et s'y établir.

Les autres postes et le camp lui-même eurent à subir toute la nuit une série d'attaques qui ont fait de cet engagement un des plus durs de la campagne. L'ennemi, très mordant, venait à plusieurs reprises aborder la ligne de nos tirailleurs.

Le 29, vers 6 heures du matin, la fusillade, qui s'était ralentie depuis une heure environ, reprenait au moment de la levée du bivouac. A 500 mètres, la pointe de cavalerie se heurtait à un gros de Berbères. Les premières compagnies se déployaient et commençaient à progresser sous la protection de la batterie Baucher qui délogeait l'ennemi des crêtes.

Rompant le combat, celui-ci tournait alors la colonne par le sud et venait attaquer le convoi et l'arrière-garde. Celle-ci, sous les ordres du commandant Duhalde, était formée de trois compagnies de Sénégalais et d'un peloton de spahis. Ce fut l'occasion d'un combat en retraite, très violent et meurtrier, pendant deux heures. Au moment où la dernière section de l'arrière-garde allait sortir du défilé, elle fut attaquée avec furie par l'ennemi. Le lieutenant Bataille qui la commandait fut tué et resta aux mains des Berbères, avec cinq Sénégalais ; les deux sergents étaient blessés et la section décimée.

A ce moment, la piste et les mamelons voisins se couvraient de nouveaux adversaires. La compagnie d'arrière-garde (capitaine de Bouchony) se trouvait fortement engagée et dans une situation critique. Elle fut dégagée par le peloton de spahis du lieutenant Delacroix, qui, faisant le combat à pied, sauta à cheval et par une charge à fond dispersa les assaillants surpris et leur arracha deux Sénégalais blessés qu'il ramena, protégé dans sa retraite par les feux des compagnies Coste et de Lavigerie.

Le détachement Taupin atteignait l'oued Beth à 11^{h} 30; l'ennemi, rompant définitivement le combat vers midi, se retirait dans les gorges de Bou-Achouch. Le combat avait duré vingt heures; il nous coûtait neuf tués, dont le lieutenant Bataille de l'infanterie coloniale et trente blessés. Les pertes de l'ennemi ne sauraient être évaluées, mais on compte parmi ses morts plusieurs caïds influents.

A 1 heure, la colonne reprenait sa marche et commençait l'ascension du Tafoudaït; elle arrivait sur le plateau à 5 heures et faisait, à 6, sa jonction avec le détachement du colonel Brulard.

Ce dernier, parti de Souk el Arba le matin à 4 heures, était arrivé, à 7, au pied du Tafoudaït. Dès ce moment, il se trouvait aux prises avec un adversaire nombreux et entreprenant, mais qui dut céder devant le feu de l'artillerie. Le colonel Brulard put joindre les Zemmour sur le plateau et leur infligea des pertes qui les rendirent plus circonspects. Nous n'avions perdu que quatre tués et six blessés. La colonne rejoignit le détachement Taupin. Les douars installés sur le Tafoudaït furent incendiés à titre de représailles.

Le 2 mars, le colonel Brulard repartait dans la direction du poste de Maaziz pour châtier les agitateurs dans la région au sud-ouest de Souk el Arba. Le détachement, attaqué au défilé de Manasser, dispersait facilement les assaillants qui avaient blessé deux convoyeurs.

La colonne Brulard réunie à Tiflet en repartit le 9 pour sillonner la région pendant une huitaine de jours, achever la dispersion des dissidents et les mettre hors d'état de nuire à la sécurité de nos communications. Le 10 mars, vers Maaziz (20 kilomètres au sud de Tiflet), elle était attaquée par un fort contingent des Zemmour. Le combat fut très vif, et, malgré les difficultés du terrain, le colonel Brulard mit les assaillants en déroute. Après une lutte qui dura de 10 heures du matin à 5 heures du soir, l'ennemi s'enfuit vers le sud-est, dans la direction d'Oulmès, au cœur du territoire du Zaïan. Ce combat nous coûtait deux tués et dix-neuf blessés dont trois officiers.

Le colonel Brulard, poursuivant les dissidents qui se réfugièrent dans le djebel Hadid, leur infligea une nouvelle et sévère leçon qui les dispersa. Ce combat, livré le 12 mars, nous coûtait un légionnaire tué et quatre blessés. La colonne rejoint ensuite la ligne d'étapes à Taddert. Celle du colonel Taupin, dont la participation à ces opérations avait été jugée inutile, rentrait directement de Souk el Arba à Meknès le 10 mars.

Cependant les dissidents n'avaient pas désarmé. Le caïd Hammoun Zaïani recrutait de nouveaux contingents, des Zaïan et des Zemmour, vers Bou-Belkel, de concert avec le caïd Habib et son fils Omar.

Le télégraphe était coupé le 20 mars entre Tiflet et Souk el Arba. Le 23, les Zemmour attaquaient le marché des Aït-Mimoun.

Le général Ditte dut préparer une nouvelle *tournée de répression*, dès la fin de mars, dans la zone de Tafoudaït déjà parcourue en février. Il réunit à Tachtout-Luiro (30 kilomètres au sud de Souk el Arba des Zemmour) 19 compagnies, 1 escadron et 1 batterie de montagne, sous les ordres du lieutenant-colonel Mazillier. Cette colonne, partie le 4 avril, dispersa facilement les groupes de Zaïan qui tentèrent de l'arrêter. Mais la difficulté de l'opération consistait à faire passer dans une région excessivement accidentée un fort convoi de matériel, vivres, etc., destiné à l'établissement d'un poste à M'Rasel pour surveiller les tribus insoumises. Le 6, au moment où le convoi franchissait l'oued Beth très encaissé, alors que les difficultés du terrain lui avaient donné un allongement de 3 kilomètres, les dissidents tentèrent de l'enlever. Ce fut l'occasion d'un combat violent et prolongé. L'ennemi, audacieux et mordant, arriva, à plusieurs reprises, au corps-à-corps. La résistance des troupes en eut enfin raison; il s'enfuit à la tombée de la nuit, après quatorze heures de combat.

La colonne bivouaqua à Oudjat sur le Tafoudaït et put établir le poste de M'Rasel destiné à surveiller la région. Le total de nos pertes se montait à soixante-treize tués, blessés et disparus. Parmi ces derniers se trouvait le lieutenant Esperaber, de la légion; un lieutenant indigène (1) des tirailleurs était tué, et parmi les blessés nous comptions le capitaine Barbel et le médecin-major Geniés, de l'infanterie coloniale.

Au retour, l'arrière-garde n'eut à repousser que des groupes peu agressifs.

Quelques jours plus tard on signalait une nouvelle harka

(1) Sous-lieutenant Arris ben Mohamed, 9 avril.

d'environ 2.000 fusils des Zaïan, Zemmour et Zaer, qui menaçait la ligne d'étapes.

Le général Ditte repartait de Souk el Arba le 13 avril ; l'ennemi n'attendit pas l'attaque et fit le vide devant nos troupes.

Mais les dissidents ne désarmaient pas et formaient bientôt de nouvelles harkas, au sud-est du poste de Maaziz.

Le commandant Rouquette en partit le 2 mai avec 500 fusils, 1 peloton du 3e chasseurs d'Afrique et 1 section de 75. Il prit bientôt le contact de quelques groupes des Zaïan qui se replièrent devant lui, dans le massif montagneux des Beni-Hakem, prolongement occidental du Tafoudaït. Peu après, le détachement se trouvait entouré par des masses de Zaïan et de Zemmour qui attaquèrent l'arrière-garde à courte distance. Le commandant Rouquette ne put se dégager qu'après un combat très vif où nous perdîmes dix-sept tués ou disparus et trente-sept blessés, dont le lieutenant Mascarat (1) du 3e bataillon d'Afrique.

La situation devient de plus en plus dangereuse dans la région située entre nos postes de Tiflet, Souk el Arba, Maaziz et M'Rasel. Une grande opération s'impose pour assurer la sécurité de nos communications de Fez à Rabat et en finir avec les Zaïan, Zemmour et Zaër que les combats du 29 février, du 10 mars, du 6 avril et du 2 mai n'ont pu réduire à l'impuissance.

Dans le même temps, les hostilités reprenaient autour de Séfrou. La tribu des Aït-Youssi tentait sur le fort Prioux une attaque qui fut repoussée par le canon.

Une colonne chérifienne forte de 1.200 hommes, sous les ordres du capitaine Hergault, quittait Séfrou le 29 mars. Attaquée le 30 par les Berbères, à 10 kilomètres de ce poste, elle livra un combat très vif de 8 heures à midi. L'ennemi repoussé a été poursuivi et rejeté sur la rive droite du Sébou ; la colonne a bivouaqué à 4 kilomètres du fleuve, à Aïn el Outa.

Un convoi qui ramenait à Séfrou une vingtaine de blessés, le lendemain, sous l'escorte de trois compagnies commandées par le capitaine d'Ivry, a été attaqué ; mais l'ennemi fut repoussé

(1) Cet officier, fait chevalier de la Légion d'honneur, succombait à Tiflet à ses blessures.

avec pertes. Nos troupes eurent quelques blessés dont le lieutenant Sallet du 5e tabor.

La colonne Hergault, restée en présence de groupes ennemis, à Imcheftzen, à 10 kilomètres nord-est de Séfrou, et soutenue par des troupes françaises, a franchi le Sébou le 10 avril et a dispersé les Beni-Ouaraïn après un vif combat. Elle reste dans la région pour rassurer les tribus soumises.

Mais, là encore, l'agitation n'est pas calmée. Les chefs dissidents se concertent en vue d'une nouvelle attaque sur Séfrou. L'effervescence se propage dans les tribus parmi lesquelles s'est répandu le bruit que Moulaï-Hafid est prisonnier des Français.

Le commandant Fellert, parti de Fez à la tête de 700 hommes des troupes d'Algérie, parcourait la rive droite du Sébou à travers les territoires des Beni-Sadden et des Oulad el Hadj et rentrait au camp de Debibagh, sous Fez, le 10 avril.

Dans les premiers jours de mai, des groupes en armes des Beni-Ouaraïn, des Hiaïna et des Aït-Segrouchen se rassemblaient de nouveau sur le Sébou.

Une colonne de 3 bataillons, 2 escadrons et 1 batterie, sous les ordres du lieutenant-colonel Giraudon, se portait le 5 mai vers El Mtafi, à 16 kilomètres de Fez, sur la route de Taza. Les dissidents furent dispersés et le caïd Ben-Saïd des Beni-Ouaraïn tué.

Au retour de cette expédition, de nouveaux rassemblements sont signalés sur l'Innouaen.

Le 16 mai, les Aït-Youssi ont razzié les douars de Sidi-Youssef, à 8 kilomètres de Séfrou. Le lieutenant Hugot-Derville, sorti avec deux compagnies du tabor chérifien et une de Sénégalais, a atteint les dissidents et les a mis en fuite. Nous avons eu trois tués et deux blessés.

Le commandant Fellert est campé à Dar-ben-Amar sur les hauteurs dominant la vallée du Sébou, au sud-est de Fez.

Le 16 mai, une reconnaissance partie de Séfrou a rencontré l'ennemi à 5 kilomètres au sud de la ville. Elle est rentrée à 8 heures du soir après un combat où nous avons eu deux tués et quatre blessés dont le lieutenant Hugot-Derville.

Deux harkas sont signalées, l'une à Aïn-Bou-Menkouth, à 20 kilomètres au nord-est de Fez; l'autre au pied du Kandar, à 25 kilomètres au sud, est commandée par le marabout Sidi Rahou.

Dans la nuit du 25 au 26 mai, eut lieu une attaque générale de Fez par les tribus berbères. Les assaillants se portaient simultanément sur trois points : bastion nord; Bab-Gissa (au nord de Fez el Bali), et Bab-Fatouh au sud-est. Environ trois cents pillards parvenaient à pénétrer par ces deux portes; tapis dans les maisons et les jardins, ils ne purent être délogés avant le jour. Mais alors le marabout de Sidi-Tamdert, l'un de leurs refuges, fut éventré par l'artillerie. Une nouvelle attaque, renouvelée à 8 heures, sur Bab-Gissa et Bab-Fatouh, força le lieutenant Chardonnet, qui défendait la première de ces portes, à évacuer le local qu'il occupait avec sa section quand les assaillants l'eurent incendié. A midi seulement, les renforts envoyés à cet officier parvinrent à chasser l'ennemi hors de la ville, à l'exception de petits groupes et de quelques isolés qui s'y cachèrent. On dut, pour s'en rendre maître, canonner la mosquée des Andalous, qui fut sérieusement endommagée; les portes qui séparent les différents quartiers ayant été fermées, les rebelles qui s'y trouvaient furent pris. Au dehors de la ville, la poursuite fut aisée et les fuyards repassèrent en hâte le Sébou. Le groupe mobile qui en était chargé eut, le 27, un engagement avec une harka reformée sur les contreforts du Zalagh, à 7 kilomètres au nord de Fez.

Le 28 mai, vers 5 heures du soir, se produisait une nouvelle attaque de Fez, dirigée sur le quartier européen. Elle fut repoussée par le feu des mitrailleuses et d'un bataillon du 4e tirailleurs, aux ordres du commandant Philippot, de ce régiment. A 11 heures, la fusillade reprenait vers Bab-Fatouh, mais les assaillants renonçaient bientôt à leur entreprise. Un détachement de six compagnies sortait, à 4 heures du matin, mais ne trouvait que les cadavres laissés sur le terrain.

Le 30, des rassemblements étaient de nouveau signalés dans les environs. Le colonel Gouraud, chargé de les disperser, partit de Fez, le 1er juin, avec 5 bataillons, 2 batteries et 2 escadrons, se dirigeant vers le nord-est, où l'ennemi était repéré à 10 kilomètres, entre les hauteurs du Zalagh (rive gauche du Sébou) et la montagne de Hajra el Kohila (rive droite). Dès 6 heures, notre avant-garde était attaquée. Le colonel Gouraud prit vigoureusement l'offensive pour la soutenir et les assaillants furent repoussés sur le Zalagh, où ils tentèrent de se retrancher. Chassés de crête en crête par le feu de l'artillerie, ils furent poursuivis sans relâche. A 10 heures, la colonne atteignait un camp ennemi, vaste cité de tentes qui s'étendait jusqu'au Sébou et qui fut occupé. La tente du chérif El Hadj Hami, chef des dissidents, y fut enlevée, ainsi que des chevaux et des approvisionnements; on brûla le reste. A 11h 30, on fit halte sur la rive gauche, au sud de Hajra el Kohila. Le soir, la colonne campait à Sidi-Chataï, sur un contrefort du Zalagh (3 kilomètres plus loin).

Le 2 juin, le génie ayant aménagé le passage du col de Babbou-Chatata, l'artillerie montée et le convoi portant les blessés furent dirigés sur Fez par la montagne. Le gros de la colonne continua de contourner le massif pour balayer ce qui restait de rebelles et ne rencontra pas de résistance sérieuse. Il rentra à Fez en traversant le col de Sidi-Ahmed-el-Bernoussi.

Les combats du 26 au 27 nous coûtaient un officier tué, le lieutenant Juge, du 3e sénégalais, et six blessés : le capitaine de Guiny et le lieutenant Naegelin, du 1er étranger; le lieutenant Malandrin, du 1er tirailleurs; les lieutenants Keyser et Chardonnet, du 4e; le lieutenant Lagarde, du 4e groupe d'artillerie de campagne; cinq soldats tués et huit blessés.

Pertes du 1er au 2 juin : douze tués, dont le lieutenant de cavalerie Redman (1), instructeur chérifien (de nationalité anglaise) et trente et un blessés.

(1) Cet officier avait déjà été cité le 14 septembre au combat livré par la colonne du commandant Brémond pour débloquer Séfrou (Voir p. 99).

OPÉRATIONS SUR LA MOULOUIA

Les Beni-Ouaraïn, montagnards établis dans la région de Taza au sud-est de Fez et qui n'ont cessé de manifester leur hostilité aux environs de Séfrou, se montrent encore plus agressifs sur la frontière oranaise. Depuis que nous sommes installés dans le quadrilatère Merada, Debdou, Guercif, Taourit, où nous dominons la plaine de Tafrata, ils n'ont pas cessé d'inquiéter nos postes et de chercher querelle aux tribus qui nous sont soumises. Le plateau montagneux appelé gada de Debdou, leur sert de repaire. C'est de là qu'ils dirigent sans cesse sur les gens de la plaine de fructueuses razzias, et viennent insulter nos postes la nuit ou tuer quelque factionnaire. Le 3 mars, une de ces attaques nous coûtait deux tirailleurs tués et six blessés. Le 11, le lieutenant Gaudin, du service des renseignements, parti en reconnaissance vers la Moulouïa avec 40 goumiers, tombait sur un rezzou de Beni-Ouaraïn et le mettait en fuite.

Le général Alix (1) fit partir, le 14, une colonne de 1.500 hommes, sous les ordres du commandant Pinoteau du 1er bataillon d'Afrique qui, s'engageant dans la plaine de Maharidja, y enleva 3.000 moutons et reçut la soumission des gens d'Admer et de Rechida. Le 16, elle marcha sur un rassemblement des Beni-Ouaraïn signalé dans le djebel Mellah, sur la rive droite de la Moulouïa, et se dirigea sur Bou-Yacouba.

Le 17, la colonne accentuait son mouvement vers le sud et bivouaquait le soir à Maharidja, sur les bords de l'oued el Hammam.

Le 18, laissant deux compagnies à la garde du camp, le commandant Pinoteau partait, au petit jour, avec sa cavalerie, son artillerie et six compagnies sans sac, n'emportant que les munitions et des vivres pour la journée. Franchissant l'oued el Hammam, la colonne se portait sur le col de Koubibicha, à 16 kilomètres de Maharidja; elle se heurta à des difficultés de terrain d'autant plus fâcheuses qu'elles permettaient à l'ennemi de

(1) Promu divisionnaire le 13 mars 1912.

s'embusquer et de fusiller nos troupes en restant à couvert, enhardi d'ailleurs par la faiblesse de notre effectif. La situation devint critique : une section de tirailleurs qui s'était emparée d'un piton un peu éloigné pour dominer l'adversaire, perdit son chef, l'adjudant Aebrecht, mortellement blessé, tous ses gradés, et laissa neuf des siens sur place, en se retirant sous la protection d'un feu très vif d'artillerie. L'ordre de rompre le combat fut donné à midi un quart, l'ennemi grossissant toujours. Nos pièces de 75 et de 65 durent prendre en retraite six positions successives pour briser l'élan des Marocains, et l'infanterie se replia avec un calme et une précision admirables, en mettant trois heures et demie pour parcourir les 1.500 mètres qui la séparaient de la plaine.

L'affaire de Koubibicha nous coûtait vingt-huit tués et vingt-trois blessés. Malgré la brillante valeur des troupes engagées, nous n'en étions pas moins forcés à la retraite, et, quoique très éprouvés, les Beni-Ouaraïn restaient maîtres de leur repaire, le djebel Mellah, sur la rive droite, à hauteur de Guercif.

Une colonne de 2.300 hommes, formée de 1 bataillon du 2e tirailleurs, 2 de la légion, 1 compagnie du 1er bataillon d'Afrique, 1 section de campagne, 1 de mitrailleuses, 1 peloton de spahis et des goums de Debdou, de Taourit et de Merada, fut placée sous le commandement du lieutenant-colonel Féraud dans les premiers jours d'avril, avec mission de parcourir la partie sud de la plaine de Tafrata, de reconnaître les points occupés par l'ennemi et de l'en chasser. La colonne Féraud sillonna la gada de Debdou sans rencontrer de résistance. Elle se porta sur l'oued Hammam, séjourna au poste de Fritissa, puis se porta vers l'ouest jusqu'à Maharidja où elle bivouaqua le 8 avril.

Le 9, au lever du jour, elle allait se mettre en route quand, à 5h 30, fut signalée une harka, forte de 2.000 fusils et de 500 chevaux qui, ayant quitté le djebel Mellah pendant la nuit, comptait surprendre notre camp.

Le lieutenant-colonel Féraud prit aussitôt l'offensive : les compagnies d'infanterie se déployèrent instantanément dans un élan superbe, tandis que l'artillerie par un feu précis couvrait la masse ennemie de projectiles et que notre cavalerie menaçait ses flancs. Décimés, les Marocains ne purent tenir devant l'offensive de notre infanterie. Ils abandonnèrent la lutte : mis en déroute et poursuivis à outrance, ils laissaient 200 morts sur place. Le combat était terminé à 9 heures du matin.

Nos pertes étaient sensibles : vingt-huit tués, parmi lesquels le lieutenant Mannevy du 1er bataillon d'Afrique, les sergents Rouyer et Courtaud du même corps, Schembrock et Massé du 1er étranger, et soixante-trois blessés, dont le capitaine Trieux du 2e tirailleurs, les lieutenants Godchot du bataillon d'Afrique, Bisgambiglia du 1er étranger (1), et le sergent Wuidepo des tirailleurs.

La colonne du lieutenant-colonel Féraud a été maintenue dans la région de Fritissa.

Il est fâcheux d'être obligé de constater, une fois de plus, combien l'attitude passive qui a été imposée au général Toutée, dès sa prise de commandement sur la frontière oranaise, au mois d'avril 1911, nous a été funeste, comme je le signalais il y a un an (2).

C'est dans cette même région de la gada de Debdou qu'ont été livrés les combats d'Alouana où furent tués le capitaine Labordette du 1er étranger et vingt de ses légionnaires, le 17 mai 1911, et le commandant Roumens du 2e tirailleurs le 23. Or, à un an de date, les combats du 18 mars et du 9 avril, si honorables qu'ils soient pour ceux qui y ont pris part, prouvent que nous n'avons pas avancé d'un pas. Loin de là, nos adversaires se montrent plus belliqueux, et le bruit de notre impuissance se répand au loin, amenant de nouveaux contingents pour nous combattre. La fiction politique qui nous enchaîne sur la rive droite de la Moulouïa est attribuée à la pusillanimité. L'affaire de Maharidja (18 mars), dont les résultats ont été dénaturés et grossis en se propageant de tribu en tribu, a été connue rapidement dans tout le Moyen-Atlas, dans la vallée de Taza et jusqu'à Fez.

L'effervescence est générale; le service des renseignements à

(1) Mort de ses blessures.

(2) En juin 1911 (Voir p. 15).

Merada et à Debdou est avisé que des réunions de notables ont lieu en vue de se concerter pour une action commune. Les Beni-Ouaraïn reviendront certainement nous attaquer sur la rive droite de la Moulouïa, et les tribus de la gada de Debdou, que nous avons eu le tort de ne pas soumettre en juin 1911 et qui n'ont pas encore été suffisamment impressionnées par notre force, ne manqueront pas de faire cause commune avec leurs coreligionnaires.

Il est non moins notoire que les échecs ininterrompus des Espagnols dans le Rif contribuent à donner aux tribus voisines confiance en leurs forces.

D'autre part, les indigènes savent que le Maroc est placé sous le protectorat de la France; mais ils ne saisissent pas de nuance entre le protectorat et l'annexion; ils en concluent que le Sultan nous a vendu le Maroc.

En prévision d'une attaque des Beni-Ouaraïn et de leurs alliés les Haouara et les Ouled el Hadj, une colonne de 3.500 hommes, commandée par le général Girardot, est établie à Fritissa, depuis le 10 mai, sur la rive droite de la Moulouïa, en face de Bou-Yacouba. L'agitation a gagné les tribus de cette rive, l'insécurité règne de Debdou à Berkane, et des Beni-Snassen et Beni-bou-Zeggou se seraient joints à nos ennemis.

Nos patrouilles essuient tous les jours des coups de feu, et de nombreux incidents amènent des rencontres. Dans la nuit du 12 mai un djich ennemi a franchi la Moulouïa et a surpris, près de Merada, un campement de convoyeurs espagnols à notre service.

Ils en ont tué un et ont enlevé vingt mulets. Poursuivis dans la matinée du lendemain, les pillards ont été rejoints et ont laissé six des leurs sur le terrain. De nouvelles surprises ont été tentées le 14 mai, puis dans la nuit du 16 au 17. Les assaillants ont été tenus à distance et repoussés avec pertes : dix cadavres sont restés sur place. Nous avons eu quatre blessés.

Le 19 mai, un demi-escadron de chasseurs d'Afrique a été attaqué par un djich entre Taourit et Merada, à 5 kilomètres d'Aïn-Drissa. Le djich, chargé et repoussé par nos cavaliers, s'est enfui. Nous avons eu un chasseur tué.

Le même jour, le général Girardot a infligé une leçon aux Beni-Ouaraïn : ayant envoyé de Fritissa vers la Moulouïa une reconnaissance de la légion étrangère pour attirer l'ennemi, elle se replia dès qu'elle eut pris le contact. Une harka d'un millier de Beni-Ouaraïn la poursuivit et, donnant dans le piège, fut prise de flanc et décimée par deux détachements disposés à cet effet. Nous avons eu neuf blessés.

LA RÉVOLTE DE L'ARMÉE CHÉRIFIENNE

A Fez, le 17 avril, vers midi, deux tabors chérifiens se sont mutinés. Ils avaient préalablement envoyé au palais une députation pour faire connaître au Sultan qu'ils étaient prêts à le défendre, mais qu'ils refusaient d'obéir aux Français. Éconduits, ces délégués retournèrent à la casbah des Cherarda, leur caserne, massacrèrent leurs officiers et sous-officiers instructeurs, puis descendirent à Medina pour se réfugier à la mosquée de Moulaï-Idriss. En chemin, excités par la populace, ils ont assassiné tous les Français habitant la ville dont on leur signalait la demeure; puis leur troupe, grossie de tous les gens sans aveu, se répandit dans le quartier juif, le Mellah, qu'elle mit à feu et à sang.

Les révoltés n'osèrent attaquer ni le palais, ni l'arsenal qui lui est contigu, et qu'occupait la garde de Moulaï-Hafid restée fidèle; non plus que le consulat de France et l'hôpital où le général Brulard avait établi son quartier général que défendaient les infirmiers militaires et quelques soldats convalescents.

Le général Brulard adressait aussitôt au colonel Taupin, qui commandait au camp de Dar-Debibagh, à 3 kilomètres de Fez, l'ordre d'envoyer des troupes pour reprendre la ville aux insurgés. L'effectif réuni à Debigbah atteignait à peine 1.500 hommes.

Le pillage et la fusillade continuaient. La Banque de France, l'hôtel français, le télégraphe (1) et les autres établissements dirigés par nos nationaux furent mis à sac. Les prisons sont ouvertes et les détenus viennent renforcer la tourbe des émeutiers qui promènent triomphalement les têtes coupées et les membres déchiquetés des victimes, sanglants trophées dont la vue provoque l'enthousiasme des femmes indigènes qui du haut des terrasses encouragent par leurs « yous yous » frénétiques la fureur meurtrière de la plèbe déchaînée.

(1) Les quatre télégraphistes, MM. Charles Ricard, Decanis, Miagot et Rebout, attaqués à 1 heure de l'après-midi, se barricadèrent et se défendirent jusqu'au soir, tuant 15 assaillants; au moment où les agresseurs mirent le feu à la maison, et déjà blessés, ils s'achevèrent pour ne pas tomber entre leurs mains.

Dans l'après-midi, arrivait du camp de Debibagh le commandant Fellert du 4e tirailleurs avec six compagnies et une batterie. Une section s'emparait de la porte Bab el Hadid au sud de la ville, après un vif combat, et pénétrait dans le quartier des consulats, entre Fez-Djedid (1) où se trouve le palais du Sultan, et Fez el Bali. En même temps, une autre section forçait la porte de Bab-es-Segma, au nord de Fez-Djedid, et prêtait main forte à la garde de Moulaï-Hafid.

Peu après, le commandant Fellert occupe le bordj sud, d'où il canonne les deux quartiers de la ville basse où se tiennent les révoltés, et la casbah des Cherarda que gardent les tabors mutinés.

Le 18, la fusillade reprend au lever du jour. Les patrouilles de tirailleurs qui essaient de pénétrer dans la ville arabe sont criblées de balles tirées du haut des terrasses. Il faut abriter nos soldats, et la fusillade continue sans résultats décisifs pendant cette seconde journée.

Mais dans la nuit du 18 au 19 arrive le détachement demandé à Meknès. Son entrée en ligne dans la matinée permet de reprendre une offensive générale. Les révoltés sont refoulés sur la casbah des Cherarda, au nord et sur Bou-Jeloud (2), à la partie orientale de Fez el Bali, où ils sont canonnés efficacement. Le soir, un millier des mutinés mettent bas les armes et se laissent emprisonner; d'autres avaient auparavant gagné la campagne isolément ou par petits groupes.

Ces événements ne pouvaient manquer d'avoir leur répercussion sur les tribus voisines de Fez.

Les Aït-Youssi ont tenté de pénétrer dans Fez pour prendre part au pillage, mais ils ont été arrêtés par nos troupes et repoussés; leurs méfaits se bornent à la destruction de quelques douars des tribus restées fidèles qui se sont réfugiées au camp de Dar-Debibagh où elles ont reçu un abri et les secours nécessaires.

---

(1) Fez-Djedid, la ville neuve, est située sur une éminence; Fez el Bali, la vieille ville, est aussi dénommée la ville basse.

(2) Bou-Jeloud est un vaste quartier à peu près désert formé de jardins à l'abandon et de terrains vagues.

Une harka, formée de Beni-Ouaraïn, de Riata, de Hyaïna et de Beni-Saaden venus de Sébou, s'était approchée à quelques kilomètres de Fez. Le Sultan leur fit donner l'ordre de se disperser. Sur leur refus d'obéir, le général Brulard les refoula au delà du fleuve.

La mutinerie des tabors chérifiens a causé la mort des 12 officiers et des 6 sous-officiers instructeurs dont les noms suivent :

Capitaine breveté de Lesparda (infanterie);

Capitaines de Lavenne de Montoise, Rouchette, Maréchal, Avril (artillerie);

Cuny (1er spahis);

Lieutenants Rossini, Renaud (infanterie);

Lapart (artillerie);

Renahy (3e chasseurs d'Afrique);

Sous-intendant militaire Lory (ancien capitaine du 5e chasseurs d'Afrique);

Maréchal des logis chef Guerraz, maréchaux des logis Macaigne et Kervé (artillerie);

Sergents Pottuelos (génie), Cocarn (infanterie,) Cocard (infirmier).

A cette liste funèbre, il faut ajouter 13 Français civils dont 2 femmes.

La reprise de Fez nous coûtait 1 officier, le capitaine Bourdonneau du 4e tirailleurs et 36 soldats tués, et 70 blessés, dont 3 officiers, les capitaines Joue et Flamand et le lieutenant Vituret, ainsi que l'adjudant Lescossoie, tous du 4e tirailleurs.

Le général Moinier, qui était en route pour Casablanca, ne fut informé des événements du 17 que le 19 à Tiflet; il ramenait 9 compagnies, 1 batterie et 1 escadron tirés de la ligne d'étapes, et arrivait à Fez le 21.

Il est difficile de savoir s'il y a corrélation entre la mutinerie de Fez et l'agitation des tribus; de même nous sommes en présence de témoignages contradictoires, les uns affirmant que la révolte militaire a été un acte spontané causé par une circonstance fortuite; les autres, que le mouvement, préparé de longue date, est dû au fanatisme religieux et à la xénophobie des Marocains.

L'attitude de la population aisée a été satisfaisante, les caïds, les cheurfas, les ulémas, les notables, ont fait tous leurs efforts pour sauver les Français; quelques-uns les ont défendus les armes à la main contre la populace, le chérif d'Ouezzan entre autres; et ceux de nos nationaux qui ont échappé au massacre ont pour la plupart été sauvés par des indigènes, qui, après les avoir cachés au début, ont ensuite prévenu l'autorité militaire pour qu'elle les fît chercher.

Dès que nos soldats eurent repris le dessus, les propriétaires ont, sur leurs terrasses, arboré le drapeau tricolore pour affirmer leur loyalisme.

L'état de siège a été proclamé le 25 avril. Une contribution de 200.000 douros, à titre d'amende, a été imposée aux habitants de Fez, pour leur participation à l'émeute.

La ville a été partagée en secteurs ayant chacun un chef responsable, sous l'autorité duquel se poursuivent des visites domiciliaires pour la découverte des armes : 11.000 fusils ont été rendus ainsi que les munitions.

Le 30 avril, une délégation du Sultan, composée du grand-vizir El Mokri, du grand caïd et du secrétaire du maghzen, Si-Kaddour-ben-Gabrit, s'est rendue à la caserne de Cherarda où le grand cadi a donné lecture, aux tabors revenus à l'obéissance, d'une proclamation qui leur est adressée par le Sultan; elle exprime sa réprobation pour leurs méfaits et insiste sur ses sentiments d'union avec la France. Les gradés ont acclamé le Sultan (1).

La même proclamation a été lue le lendemain aux tabors restés fidèles.

En dehors des troupes chérifiennes de Fez qui ont manqué à leurs devoirs, un seul tabor a déserté. C'est le tabor de cavalerie qui faisait partie de la mehalla campée à Arboua, dans le Gharb, sous les ordres du capitaine Vary. Ce mouvement séditieux s'est produit dans la soirée du 24 avril. Les officiers français étaient à table quand, vers 9 heures, un caïd indigène et d'autres gradés marocains entrant tout émus, annoncèrent que le tabor de cava-

(1) 48 mutins condamnés à mort par la cour martiale ont été fusillés, à Fez, le 25 mai.

lerie était en pleine révolte et qu'ils venaient défendre les instructeurs français. Tous se réunirent dans le bureau du capitaine Vary, sous les balles qui sifflaient de tous les côtés. Le poste de police, commandé par un sergent indigène, tirait sur les révoltés. Le maréchal des logis Ahmida, risquant sa vie, partit au galop pour prévenir le commandant du poste de Souk el Arba (1). A 11 heures du soir, 175 cavaliers insurgés s'enfuyaient, avec leurs chevaux et leurs armes, dans la direction d'Ouezzan. A la même heure, le capitaine Vary, le lieutenant Courtillière et les autres instructeurs sortirent pour haranguer les fantassins parmi lesquels commençait à se manifester quelque agitation. Le calme fut rétabli et la nuit se passa tranquillement.

Le lendemain matin, à 7 heures, arrivait le commandant Michelangeli avec une compagnie et demie d'infanterie et une section de mitrailleuses. M. Boisset, agent consulaire à El Ksar, accompagnait ce détachement.

Le lieutenant Thiriet, qui se trouvait à Mechraa el Hadar avec une compagnie chérifienne et des goumiers, put rejoindre sans incident le capitaine Vary.

Cette mutinerie a été provoquée par l'arrivée au camp de quelques askaris ayant pris part au soulèvement de Fez, et qui avaient répandu le bruit que les cavaliers des tabors marocains allaient être désarmés.

Les tribus des environs d'Ouezzan, soulevées par les déserteurs d'Arboua qui annonçaient une attaque des Français et excitaient leurs coreligionnaires à piller les juifs ainsi qu'on l'avait fait à Fez, ont été éloignées grâce à l'intervention des cheurfas et des notables d'Ouezzan. Les déserteurs se sont réfugiés chez les Djebala et les Hyaïna.

Un certain nombre d'askaris insurgés venant de Fez ont été arrêtés à Meknès.

Le 30 avril est arrivé à Arboua un détachement de deux bataillons et un escadron sous les ordres du colonel Conte, des rassemblements de Djebala ayant été signalés dans la région.

(1) Souk el Arba dans le Gharb qu'il ne faut pas confondre avec Souk el Arba des Zemmour, entre Meknès et Rabat.

Causes de la révolte. — Les tragiques événements qui ont éveillé en France une si douloureuse émotion sont dus à une cause principale, peut-être unique : l'inaction gouvernementale. Il est certain que l'irrésolution, faite depuis le début de la crise marocaine de préoccupations parlementaires, a encouragé les résistances. L'accord franco-allemand était signé le 4 novembre 1911; nous avions dès ce jour le droit et le devoir d'organiser le protectorat : rien n'a été fait. Cette hésitation a créé et entretenu parmi les indigènes une excitation qui n'existerait pas si on les avait placés en présence de faits accomplis résultant de notre occupation militaire. Faute de sentir l'effet d'une autorité ferme et décidée, ils ont douté de notre puissance.

Les succès de nos troupes, depuis le débarquement à Casablanca jusqu'à l'entrée à Fez, avaient donné aux populations l'impression de notre force. Ignorant les scrupules diplomatiques et les discussions parlementaires qui suspendaient notre action, les Marocains ont cessé de croire à notre ferme résolution de réaliser la tâche que nous avions assumée. En effet, depuis un an que nous sommes à Fez, nous n'avons pas fait de politique marocaine. Nous n'avons pas coordonné les éléments dont nous disposions en vue de ce but unique : la pacification. Elle ne peut être obtenue que par la force, unie à la politique des intérêts et à l'attrait du gain, ainsi que par la reconstitution de l'autorité indigène, instrument nécessaire de l'autorité française.

Pour cette œuvre, il fallait un chef unique ayant pleine initiative et toute responsabilité. Faute d'en avoir compris la nécessité, le Gouvernement n'a pas désigné ce chef, seul dépositaire du commandement militaire et de l'autorité politique au Maroc. Rien ne s'opposait au renouvellement dans la région de Fez d'une œuvre analogue à celle du général d'Amade en Chaouïa; œuvre de pénétration menée avec méthode et suite, et dont les résultats démontrent la valeur.

Le service des renseignements, qui aurait dû jouer un rôle capital, a été négligé. C'est sur lui que repose la politique indigène qui, pour être bien menée, doit profiter de toutes les occasions. Les achats de l'intendance, l'activité des médecins militaires, etc., servent à différencier les tribus selon leur attitude.

Le groupement et la répartition des postes sont déterminés et modifiés d'après les rapports du service des renseignements. Tantôt une tribu a besoin, pour excuser sa soumission, d'avoir en face de soi une force imposante; sinon, ses dissentiments héréditaires avec les tribus voisines font place à une cohésion inhabituelle. Il est trop évident que cette méthode n'a pas été appliquée à Fez.

Les opérations militaires ne peuvent pas se dissocier des opérations politiques. Les secondes sont irréalisables sans les premières et celles-ci inefficaces sans les secondes. Cette vérité a été lumineusement démontrée au Tonkin et à Madagascar. Comment a-t-on pu la méconnaître au Maroc en dissociant le pouvoir civil du pouvoir militaire, sans indiquer d'ailleurs celui qui était subordonné à l'autre?

Quand on parle de l'anarchie marocaine, on croit qu'il s'agit des tribus : c'est faire tort aux Marocains, car notre Gouvernement fait mieux qu'eux. Il a fallu la révolte des troupes chérifiennes et le massacre de leurs instructeurs français pour nous apprendre que le Gouvernement entretenait au Maroc quatre organismes militaires distincts et incoordonnés, soumis à des autorités diverses qui, au lieu de concourir au même but, s'efforçaient d'affirmer leur indépendance et leur particularisme (1).

Ces quatre éléments de la force militaire française au Maroc étaient soumis :

Le corps d'occupation, au général Moinier;

---

(1) Ces faits viennent d'être révélés. L'exemple suivant mérite d'être rapporté : « Au lendemain de la signature du traité franco-allemand (novembre 1911), le général Moinier demanda au ministre de la Guerre d'occuper Azemmour... M. Messimy soumit la question au Conseil des ministres qui estima plus prudent de n'engager aucune opération nouvelle. Ordre fut donné au général Moinier de s'abstenir. Il obéit. Quinze jours après, le général Moinier voyait avec surprise arriver à Rabat et à Casablanca un détachement de troupes chérifiennes encadré d'officiers et de sous-officiers français. Avec une surprise plus grande encore il apprit d'eux que ce détachement allait à Marrakech. Il en rendit compte au ministre de la Guerre en lui exprimant son étonnement de n'avoir pas été averti de cet envoi de troupes. M. Messimy, approuvant les conclusions du général, en fit part au Conseil des ministres. Le ministre des Affaires étrangères répondit que le commandant des troupes d'occupation n'avait aucune autorité sur les troupes chérifiennes, lesquelles n'avaient d'ordre à recevoir que de lui. M. Messimy protestant, M. de Selves s'éleva contre la prétention du général Moinier « d'absorber » le Maroc. On ajourna la décision... » *Le Temps*, 25 avril 1912.)

La police des ports, à l'autorité consulaire et à la Direction des douanes;

L'armée chérifienne, au ministre des Affaires étrangères;

Les troupes des confins oranais, à un fonctionnaire civil qualifié de haut commissaire.

L'organisation de la nouvelle armée chérifienne a été réglée par une instruction ministérielle du 19 février 1912; ceux qui en ont eu connaissance n'ont pas été surpris par le douloureux événement du 17 avril.

On avait voulu séduire l'opinion en créant sur le papier une armée chérifienne, constituée de toutes pièces avec son état-major, son artillerie, ses troupes du génie, du train, d'administration, etc., dont l'effectif devait atteindre 15.000 hommes à la fin de 1912.

Mais il fallait faire de grandes choses à prix réduit. Alors, au lieu de prendre modèle sur les tabors indigènes formés depuis 1909 dans la Chaouïa, — auxquels on a donné un encadrement sérieux, tiré de nos troupes d'Algérie, et qui comporte, en dehors des officiers, vingt-cinq gradés ou soldats au moins, par unité de 200 hommes, — on a réduit le cadre de la compagnie chérifienne de même effectif à 1 lieutenant, 1 adjudant et 2 sous-officiers.

Cependant, l'encadrement par des gradés subalternes et par des simples soldats est absolument nécessaire. C'est grâce à leur présence dans le rang que l'officier aura en tout temps la notion exacte du moral et des sentiments des indigènes. Les Marocains, comme tous les primitifs, sont sujets à des mouvements imprévus, parfois irrésistibles, auxquels il est possible d'obvier, avec du tact, quand on en connaît la cause.

Les détails qui nous parviennent de Fez sur le début de la mutinerie des tabors chérifiens confirment pleinement les assertions précédentes :

Le signal de la révolte est venu des *Harrabas,* élèves instructeurs formés en compagnies spéciales.

A la date du 1er mars 1912, les soldats chérifiens qui, auparavant, ne percevaient que la solde et devaient assurer leur subsistance, durent subir une retenue journalière pour constituer un *ordinaire.* Les askaris réclamaient le retour au *prêt franc,* et de plus se plaignaient de porter le sac.

Le 17, vers 10^{h} 30 du matin, l'un d'eux, à la casbah des Chetira un coup de fusil en l'air. Aussitôt une clameur générale rarda, des harrabas, des tabors de cavalerie n°s 1 et 4 et d'infanterie n° 6 y répondit. Les lieutenants Simonnet et Bissonnier, qui, en l'absence des capitaines, commandaient les tabors infanterie n° 6 et cavalerie n° 1, parvinrent à retenir leurs hommes. Mais les harrabas et ceux du tabor cavalerie n° 4 sortent en courant et se rendent chez le Sultan. Reçus par El Mokri, ils se montrèrent très violents, et Moulaï-Hafid, attiré par le bruit, les éconduisit (1). C'est alors que les mutinés se rendirent à l'hôtel français où déjeunaient des officiers qu'ils massacrèrent, ainsi que la propriétaire, Mlle Imberdis, et tous les Français qui s'y trouvaient.

Le tabor d'artillerie n° 2 (2) du capitaine Maréchal fut maintenu dans le devoir grâce à l'ascendant de l'adjudant Pisani sur ses canonniers, dont quatre furent tués par le feu des révoltés. Ils restèrent fidèles jusqu'à 2 heures du matin, mais alors, voyant revenir leurs camarades chargés de butin, il ne fut plus possible de les tenir. L'adjudant Pisani parvint, avec quelques askaris dévoués, à se sauver en emportant les culasses de ses canons. Il a été promu sous-lieutenant pour sa belle conduite.

Au tabor d'infanterie n° 6 il en fut à peu près de même : les lieutenants Simonnet et Guillaume, d'abord menacés par leurs askaris, arrivent à les calmer et obtiennent qu'ils rendent leurs cartouches. Les dix gradés marocains disent au lieutenant Simonnet : « Nous mourrons avec toi. » Mais, à la nuit ils lui rendent compte qu'il est impossible de maintenir leurs hommes plus longtemps; ils partirent en emmenant les officiers et quatre sous-officiers français, puis les quittèrent quand ils furent hors

(1) Cette scène n'a pas eu de témoins et les paroles qui auraient été échangées sont différemment rapportées.

(2) Il a toujours été admis, depuis qu'en 1857 le passage à l'insurrection des régiments indous d'artillerie a mis la domination anglaise en péril, que cette arme ne devait jamais recruter des indigènes des territoires conquis. Le général de Torcy fait remarquer, à juste raison, que nous avons eu grand tort, au Maroc, d'enfreindre cette règle. (*L'Armée noire devant l'opinion,* p. 18.)

de danger en déclarant au lieutenant Simonnet : « Maintenant tu es sauvé, nous devons te quitter. » Les officiers et sous-officiers se rendirent à Dar-Debibagh.

Le capitaine Justinard tint jusqu'au 18 bon nombre d'askaris de différents tabors, grossis de tous ceux qui, après avoir été entraînés, revinrent bientôt repentants. Ce sont eux qui, après la défaite des émeutiers, ont été mis à la disposition du Khalifa, du Pacha et des autorités marocaines pour expurger Fez des éléments de révolte et de pillage, assurer l'ordre et faire la police.

On peut conclure de ces faits que la mutinerie aurait été évitée par l'arrestation de quelques meneurs, si les tabors avaient été convenablement encadrés; la plupart des askaris qui se sont laissé entraîner seraient restés fidèles si le commandement avait été plus prévoyant et mieux renseigné (1).

Un ancien officier des affaires indigènes, le colonel Fritsch, écrivait ces lignes prophétiques (2) à la fin de février :

« Si les tabors conservaient une organisation semblable, leurs officiers seraient, en réalité, sans action et sans contrôle moral sur des hommes qui, hier encore, étaient nos ennemis, et dont la fidélité est plus que douteuse...

« Je ne voudrais pas être prophète de malheur, mais quand on songe que, dans les vingt ou trente premières années de la conquête de l'Algérie, nos auxiliaires indigènes n'avaient jamais été poussés à la désertion, ou à nous abandonner devant l'ennemi, par des influences européennes, et que néanmoins ils ont si souvent fait défection, je me demande avec angoisse ce qui se passerait en cas d'irruption dans les régions pacifiées, de tribus extérieures excitées par des missionnaires étrangers, la défense étant confiée à des tabors marocains aussi faiblement encadrés... »

---

(1) A la faute de ne pas avoir encadré solidement l'armée chérifienne s'est ajoutée l'imprudence de réunir des tabors nouvellement recrutés, à Fez même, ville populeuse où abondent les fanatiques et la tourbe des gens sans aveu fauteurs de désordre, de pillage, qui, périodiquement, mettent la ville à sac, comme l'histoire de Fez en donne la preuve.

(2) *Le Temps*, 5 mars 1912.

A Fez, cependant, on se félicitait du brillant résultat obtenu à si bon compte. Un correspondant, renseigné à bonne source, proclame la supériorité des tabors chérifiens (1).

« Alors que le goumier chaouïa revient à 700 francs par an, environ, le soldat chérifien ne coûte guère que 350 francs — la moitié !... En bel ordre, alignés comme le plus correct des escadrons, j'eus l'impression de soldats excellents, sur la voie de la complète perfection...

« En principe, on va recourir au recrutement par voie d'appel ; la conscription (2) devant être imposée aux tribus au fur et à mesure de leur organisation... On abandonnera dès qu'on le pourra le procédé des engagements qui a pourtant donné des résultats excellents... Mais, dans la période de transition qui court, les engagements volontaires seront reçus jusqu'au 1er janvier 1913... »

D'autre part, pour subvenir aux besoins en cadres de la nouvelle armée, on était obligé d'agréer toutes les demandes, au moment où elles se faisaient plus rares, les avantages pécuniaires étant, pour les nouveaux venus, parcimonieusement réduits ; et l'on a été ainsi amené à accepter un grand nombre d'officiers et de sous-officiers venus de France, n'ayant parfois jamais été en contact avec les indigènes et ignorant leur langue.

Il n'y a pas d'exemple que dans le nord de l'Afrique un mouvement insurrectionnel n'ait été précédé de signes avant-coureurs,

---

(1) *L'Illustration*, numéro du 6 avril et suivants ; nous y voyons entre autres le capitaine Cuny à la tête du tabor n° 4. La reproduction des clichés pris au Maroc par les correspondants de l'*Illustration* fournit sur les événements des documents du plus haut intérêt. Les *garden parties* de Moulaï-Hafid offertes au corps diplomatique et aux touristes de marque et à leurs familles, donnent la mesure d'une confiance extraordinaire ; c'est ce qui explique l'imprudence des officiers et fonctionnaires allant se loger au cœur de la ville arabe, alors qu'on n'osait pas mettre à Fez une garnison française dans la crainte d'exciter le fanatisme musulman à l'aspect de nos soldats !

(2) La conscription imposée aux Marocains ! Alors que nous tentons vainement de l'appliquer en Algérie ; au risque de détruire l'organisation de nos régiments de tirailleurs et de spahis qui a fait ses preuves, et grâce à laquelle nous possédons l'Afrique du Nord. Si jamais nous devons faire cette expérience, il est de toute évidence que le moment n'est pas venu et qu'il ne saurait être plus mal choisi, alors que nos troupes africaines seront à tous égards l'élément prépondérant pour la pacification des populations musulmanes soumises au protectorat français.

qui ne sauraient échapper à un observateur compétent. Des conciliabules ont lieu dans les marchés, dans les cafés maures, dans les mosquées; des négociations s'engagent, des intrigues se nouent pour entraîner les hésitants, les opposants; des hommes influents disparaissent et vont on ne sait où; le prix de la poudre augmente, etc. Comment se fait-il que, à l'encontre de ce qui avait lieu en Algérie où les soulèvements ont toujours été pronostiqués à l'avance par les officiers des affaires indigènes, le service des renseignements du Maroc n'ait rien appris ni rien soupçonné? Évidemment, les officiers employés dans ce service ne peuvent avoir que des notions très vagues sur les mœurs, les coutumes, le caractère et la mentalité des Marocains. Il semble, cependant, que l'idée préconçue d'un loyalisme marocain, dont la formation trop hâtive de l'armée chérifienne a été le résultat, s'était accréditée plus que de raison dans les milieux officiels.

Et cependant, certains faits caractéristiques auraient dû inspirer à nos officiers instructeurs des chérifiens une certaine méfiance : le 17 mars 1912, un des leurs, le lieutenant Guillasse, recevait, au cours d'un exercice, un coup de feu à bout portant d'un de ses askaris qui l'achevait de sa baïonnette. L'assassin fut, il est vrai, arrêté par ses camarades et fusillé le lendemain.

Le 8 avril le maréchal des logis d'artillerie Macaigne (qui devait être assassiné le 17) est attaqué, dans une rue de Fez, par un indigène qui lui porte deux coups de sabre; il n'est que légèrement blessé; mais l'agresseur peut s'enfuir grâce à la complicité de la foule. Le même indigène recommence le lendemain, contre un adjudant, la même tentative. Arrêté cette fois, il est conduit chez le pacha, puis chez le Sultan; mais l'autorité française n'a pas réclamé l'assassin, ni fait connaître ce qu'il en était advenu !

Est-ce à dire que nous devons désespérer de notre entreprise marocaine? Loin de là. Mais il n'y a pas à se le dissimuler, notre tâche est immense, car nous n'avons pas moins de 7 à 8 millions d'âmes à faire rentrer dans l'ordre, dans la paix et le travail productif. La force doit nécessairement jouer le premier rôle, mais elle doit être associée à la politique et leur appui assuré à l'agriculture et au commerce.

Le meilleur exemple nous est donné par la Chaouïa. Là, le caractère du Berbère, si indomptable et si tenace jusqu'à notre arrivée, tend chaque jour à se modifier. Sous la pression de ses intérêts qui, chez lui, priment le fanatisme, il cède malgré lui à l'influence de la civilisation européenne. Un officier suivi de quelques cavaliers parcourt les tribus, entend leurs plaintes, règle leurs différends : le Roumi n'est plus maudit, on le craint et on le respecte.

Les avertissements ne nous ont pas manqué.

Un correspondant du *Temps* écrivait à ce journal (1), le 24 mars :

« La situation dans les environs de Fez et dans le Gharb n'est pas bonne. Les caïds ne savent que devenir, tiraillés qu'ils sont entre les directions souvent divergentes du maghzen, des consuls et des chefs de postes militaires, ces derniers trop peu nombreux et souvent impuissants à exercer leur action sur des circonscriptions trop vastes.

« A Fez même, on commence à se rendre compte de la faute qu'on a commise, il y a un an, lorsque, après l'arrivée de nos troupes, on s'est abstenu de procéder à l'organisation, même provisoire, qui aurait permis d'attendre l'établissement du protectorat. Cette organisation pouvait se faire à très bon compte sans modifier le *statu quo*.

« Malheureusement, pendant qu'on s'occupait de la question marocaine à Paris et à Berlin, on a totalement oublié de s'en occuper au Maroc et l'on est demeuré ici dans une situation déplorable qui n'a fait que s'aggraver de jour en jour. Le Sultan est déprimé et le maghzen désorganisé. Ils ne se sont manifestés depuis un an qu'en aggravant les abus. Sans argent pour payer les fonctionnaires chérifiens et sans personnel pour les surveiller, les agents français n'étaient pas à même de réagir contre ces abus.

« D'autre part, le long délai qui s'est écoulé entre la signature de l'accord franco-allemand et la mission confiée à M. Regnault a donné à Fez l'impression que la France ne savait pas ce qu'elle

---

(1) *Le Temps*, 1er avril 1912.

voulait et qu'elle hésitait sur la marche à suivre; que peut-être elle n'était pas sûre de sa liberté de mouvements.

« Le Sultan, pendant ce temps-là, n'a songé qu'à se faire une caisse de réserve. On ne croit pas qu'il ait réellement pensé à abdiquer, mais on sait qu'il est nerveux et assez mal disposé à l'égard de la France. En tenant compte de son impulsivité naturelle, on peut craindre qu'il ne se livre à des manifestations fâcheuses.

« Le bruit qui a couru de son abdication n'a nullement ému la population. Si le Sultan avait pensé provoquer un mouvement nationaliste, l'échec a été complet. Les notables marocains sont toujours favorables à la France. Ils ont pris leur parti de ce qu'a d'humiliant pour eux l'occupation étrangère, *mais c'est à la condition d'avoir les avantages de cette occupation, c'est à savoir un régime plus sûr et plus juste.*

« Or, jusqu'à présent, il faut reconnaître que la France n'a donné au Maroc aucun de ces avantages. Au total, Moulaï-Hafid se soumettra après avoir essayé d'obtenir les meilleures conditions possibles, car il sait fort bien que la situation matérielle et morale qu'il aurait après son abdication serait très inférieure à celle dont il jouira comme souverain...

« La situation à Fez est moins bonne pour nous qu'il y a un an. La population, pendant le siège, était divisée en deux camps : celui de la bourgeoisie, qui souhaitait l'arrivée de nos troupes pour échapper au pillage de la ville par les insurgés, et celui du bas peuple, qui désirait ardemment le triomphe des rebelles afin de pouvoir prendre sa part de butin.

« L'arrivée de nos troupes causa chez les uns une joie tempérée d'une certaine mélancolie, chez les autres une vive déception. Mais tous s'inclinèrent devant le fait accompli et tous attendaient de notre intervention la fin des exactions et une amélioration immédiate de leur sort. Ils furent déçus. Pendant les onze mois qui se sont écoulés depuis l'occupation de Fez, aucune organisation, même provisoire, n'a été tentée. Malgré toute notre bonne volonté, nos agents, sans fonds pour payer les fonctionnaires du maghzen, sans personnel pour les surveiller, se sont trouvés dans l'impossibilité de réprimer leurs abus. La population se demande si nous sommes venus au Maroc pour permettre au maghzen de mieux l'exploiter, afin de partager avec lui le fruit de ses rapines. Elle a perdu la confiance qu'elle nous avait témoignée au début et, pour la lui rendre, il faut que nous remplacions l'arbitraire par la justice. Les palabres ont assez duré; il est temps de passer aux actes. »

Le traité qui établit le protectorat de la France sur le Maroc a été revêtu de la signature du Sultan le 30 mars. Cette formalité a été obtenue sans trop de difficultés par M. Regnault. Cependant, Moulaï-Hafid y a mis quelque hésitation. Il en concevait de l'inquiétude et demandait qu'on attendît un certain temps avant de divulguer à Fez cet acte politique.

La versatilité du Sultan, que l'on dit atteint de neurasthénie, le porte à de brusques revirements d'idées. Il est avéré qu'avant l'arrivée de l'honorable résident *intérimaire*, Moulaï-Hafid avait, dans un accès de colère et avec une imprudente mise en scène, récriminé contre le protectorat que la France lui imposait.

Depuis la signature du traité, il a manifesté, à plusieurs reprises, son intention de quitter Fez pour se rendre à Rabat et ensuite à Paris. Son départ était déjà fixé au 18 avril pour Meknès, et son arrivée à Rabat au 3 mai. Il devait emmener une suite de 1.200 personnes, sous escorte de deux escadrons (l'un de chasseurs d'Afrique, l'autre de spahis) et de 300 chérifiens de sa garde.

Ce voyage, que la mutinerie du 17 avril a arrêté, — si toutefois il n'était pas contremandé auparavant, ce qu'on ne nous dit pas, — était à coup sûr inopportun.

Au premier bruit de ce départ, les Marocains ont compris que c'était une fuite dont la honte et la peur étaient les causes.

Déjà l'on proposait, aussitôt le Sultan parti, de le déposer et de le remplacer par le grand caïd des Zaïan, Akka-Hamou, notre ennemi le plus renommé comme chef de guerre; ou par le chérif Si-Ali el Mokri el Amhaouer, grand chef religieux de l'Atlas central.

Depuis, Moulaï-Hafid a fait connaître, à diverses reprises, son intention d'abdiquer en faveur d'un de ses fils âgé de douze ans. Il est très ému de son impopularité, dont il parle amèrement dans son intimité. La révolution de 1911 l'a terrorisé et il en garde une profonde impression, considérant que les Français ne l'ont pas réprimée assez sévèrement et que la sécurité de Fez est insuffisamment garantie. Il déclare que les autorités françaises l'ont privé de tout contact avec ses sujets, qu'elles ont pris en main l'administration de Fez, celle des tribus et de l'armée chérifienne et qu'il n'est plus rien; il ajoute qu'il n'est pas responsable des bruits d'après lesquels il serait notre prisonnier.

L'agitation révolutionnaire du Sous a fait surgir un nouveau prétendant, le 6 mai; c'est le fils du fameux chérif du Sahara, Ma el Aïnin, mort il y a un an.

LE GÉNÉRAL LYAUTEY

Le Gouvernement a pris le 27 avril la mesure si longtemps réclamée par l'opinion unanime de tous ceux qui sont au courant des questions africaines : il a nommé le général Lyautey à la résidence générale du Maroc et en même temps au commandement en chef de toutes les forces militaires. Le général a sous ses ordres, comme secrétaire général, M. Gaillard, actuellement consul à Fez, dont toute la carrière s'est déroulée au Maroc (1).

La haute compétence du général Lyautey en matière coloniale s'est affirmée d'une façon éclatante en Indo-Chine et à Madagascar où, de 1894 à 1902, il fut le disciple et le collaborateur du général Galliéni. Commandant des troupes non embrigadées de la province d'Oran, à Aïn-Sefra, en 1903, il s'assimilait toutes les questions marocaines.

Quand l'acte d'Algésiras de 1906 eut reconnu à la France le droit de régler seule avec le Sultan les négociations relatives à la frontière oranaise, le Gouvernement ne sut pas profiter de sa liberté d'action. Nous restâmes inertes, n'osant bouger et donnant aux Marocains une impression de timidité et d'indécision qui les fit douter de notre force. Il fallut, en mars 1907, l'assassinat du Dr Mauchamps pour déterminer l'occupation d'Oudjda qui fut rendue inutile par la détestable organisation qu'on y institua.

Je disais en 1908 (2) : « L'idée d'instituer à Oudjda, ville militairement occupée en pays ennemi, un commissaire civil — avec une colonne autonome à la disposition de ce fonctionnaire et l'obligation de se concerter avec la légation de Tanger, le 19e corps, la division d'Oran, les ministres des Affaires étran-

---

(1) Né en 1869, élève diplômé de l'école des langues orientales, élève drogman à Tanger en 1859, consul à Casablanca de 1897 à 1899, vice-consul à Fez en 1900, détaché à la Conférence d'Algésiras, consul de 2e classe à Fez à son retour, puis de 1re classe, c'est M. Gaillard qui a organisé la défense de Fez du 9 avril au 21 mai 1911. Ce fut à son sang-froid et à sa parfaite connaissance du pays qu'un grand nombre de Français ont évité le sort réservé aux victimes de l'insurrection du 17 avril 1912.

(2) *La Campagne du Maroc et les enseignements de la Guerre d'Afrique.* Berger-Levrault, 1908.

gères, de la Guerre et le président du Conseil — devait fatalement engendrer l'anarchie et l'impuissance. Il est de toute évidence que, seul, le général Lyautey devait avoir la direction et la responsabilité de ce qui se passait à Oudjda. Chargé depuis six ans de la surveillance de la frontière, cet officier général avait donné sa mesure, et l'invasion des Beni-Snassen est venue à point démontrer les vices de l'organisation hybride du commissariat à deux têtes dont Oudjda avait été si irrégulièrement gratifié. Si les Beni-Snassen ont pu, au moment où la frontière oranaise était dégarnie, incendier des fermes, inquiéter nos tribus et nos colons et troubler le Gouvernement, dès que le commandement militaire a été remis aux mains du général Lyautey, nos agresseurs furent repoussés et poursuivis, leur pays occupé et *pacifié* avec un succès auquel le prestige du pouvoir civil n'avait pas suffi ! »

J'ai cité (1), à titre de modèles à suivre, les admirables instructions par lesquelles le général Lyautey traçait à ses officiers la marche à suivre pour obtenir la pacification des tribus soumises par la force de nos armes (1905-1908).

Promu général de division en 1907 et commandant la division d'Oran, il était mis à la tête du 10e corps d'armée en 1911.

C'est là que le président du Conseil, M. Poincaré, s'inspirant heureusement de la *vox populi,* a choisi le général Lyautey (2) pour débrouiller, à l'honneur de la France, une situation particulièrement difficile, — car il ne reste plus de faute à commettre au Maroc. La confiance et l'affection qu'il a su inspirer à tous ceux qui l'ont vu à l'œuvre sont les meilleurs gages d'un prochain relèvement de la cause française au Maroc. Le général Lyautey faisait son entrée à Fez le 24 mai, et le 26 les tribus attaquaient le siège du gouvernement (3).

---

(1) Voir p. 102.

(2) Le général s'est embarqué le 9 mai à Marseille, le 11 il faisait escale à Mers-el-Kébir pour s'entendre avec le général Alix qui commande sur les confins oranais, et débarquait le 14 à Casablanca ; il entrait à Fez le 24 mai, après avoir inspecté les postes de la ligne d'étapes de Rabat à Meknès.

(3) Voir p. 110.

OPÉRATIONS MILITAIRES (1)

(MAI-JUIN 1912)

Dans la région de Fez, les hostilités se poursuivent sur trois points : 1° colonne Gouraud (2), au nord-est de Fez; 2° colonne Dalbiez, au sud-ouest; 3° autour de Sefrou, à l'est.

Colonne Gouraud. — Après les combats sous Fez du 26 au 28 mai, et la poursuite des dissidents continuée jusqu'au 2 juin, la situation s'est améliorée : les marchés sont de nouveau fréquentés et des caravanes arrivent à Fez sans être inquiétées.

Cependant, les tribus refoulées sont toujours en effervescence; des palabres réunissent différents chefs, et on signale la formation d'une harka au nord-est, dès le 7 juin.

Le général Gouraud, avec une colonne de six bataillons et demi, quatre escadrons et trois batteries, quitte Fez le 14 et franchit le Sebou au gué en amont de cette ville. Il campe à Souk Tleta, dans la vallée de l'Inaouen, au nord de la route de Taza, à 30 kilomètres au nord-est de Fez. Les hostilités se bornent à un échange de coups de fusil, en marche et en station, entre le service de sûreté et des petits groupes de dissidents.

Dans la matinée du 17, la 33e compagnie du 4e tirailleurs, qui, à 900 mètres du camp, protégeait l'abreuvoir de l'Inaouen où étaient conduits les animaux, fut brusquement assaillie par un contingent de cavaliers Hyaïna. Le lieutenant Heitz, deux sous-

---

(1) Le lieutenant Chardonnet, du 4e tirailleurs, a succombé à ses blessures reçues pendant l'assaut du 27 mai. Chargé de défendre la porte Bab Ghissa avec trois sections, il fut attaqué à 10 heures du soir par des contingents de plus en plus nombreux qui, malgré la fusillade, cernèrent le poste et parvinrent à ouvrir une brèche à 6 heures du matin. Le lieutenant Chardonnet reçut deux balles dans la poitrine, et l'adjudant Bourdu, qui le remplaça, eut la cuisse fracassée. Le sergent Coudrin, qui prit le commandement, fut tué peu après. Les Berbères ayant réussi à mettre le feu à l'extérieur du poste, le sergent Cagini et le caporal Rouquette, seuls gradés survivants, firent une sortie et s'ouvrirent à la baïonnette un passage pour éteindre l'incendie. Cette poignée de braves, réduite de minute en minute, ne fut délivrée qu'à midi. Elle avait perdu dix-sept tués et comptait vingt et un blessés.

Combat du Zalegh, 2 juin. Tué : le lieutenant Mas, des tirailleurs sénégalais; blessés lieutenant Claude, du même bataillon, capitaine Devanlay et lieutenant Chevrier, du 1er spahis.

(2) Le colonel Gouraud a été promu général de brigade le 5 juin 1912.

officiers français et neuf tirailleurs furent tués, trois tirailleurs et deux spahis blessés. Le combat dura trois heures et une vigoureuse contre-attaque dirigée par le commandant Rivière, de l'infanterie coloniale, amena la déroute des assaillants.

Le général Gouraud porte son camp à 10 kilomètres au nord, à Douk Hella, d'où il envoie des émissaires aux tribus voisines pour les engager à se soumettre. Un convoi de ravitaillement de la colonne est attaqué le même jour au passage du Sebou, mais les assaillants sont repoussés par le commandant Gerald, de la légion, qui disperse l'ennemi et lui prend un drapeau.

Pour réduire les tribus insaisissables, le général est obligé de brûler les villages et les récoltes dans un rayon de 10 à 12 kilomètres autour du camp.

Le 19, la colonne se porte sur Azib-Moulaï-Ismaïl, pour disperser les contingents Hyaïna et Djebala, qui y sont signalés. La rencontre a lieu à 4 kilomètres de ce point. Après trois heures de combat, l'ennemi s'enfuit, laissant de nombreux morts sur le terrain. Nos pertes sont : un officier tué, le capitaine Desfrères, commandant la 7e compagnie du 1er tirailleurs, trois soldats tués et onze blessés.

Le camp est établi à Azib-Moulaï-Ismaïl, où le général Gouraud est rejoint, le 20, par la colonne du colonel Mazillier.

On signale une harka rassemblée dans une région montagneuse, sur la rive droite de l'Inaouen (12 kilomètres au nord de Souk Tleta). Elle est atteinte le 22 et se débande après un combat très vif où nous avons deux tués et treize blessés, dont deux officiers, les lieutenants Fliche et Delage.

Le colonel Giraudon ramène à Fez, le 25 juin, sous l'escorte de six compagnies, un convoi de vingt-quatre blessés et vingt-neuf malades, sans avoir été l'objet d'aucune attaque.

Le général Gouraud se porte au nord le 28, sur l'oued Leben, contre les Fichtala, qui font leur soumission; il marche ensuite sur Souk el Arba de Tissa (60 kilomètres au nord de Fez), où il accueille de nouvelles demandes.

Le pays est extrêmement riche et cultivé; la population, qui est en pleine moisson, se montre rassurée et confiante.

Nous sommes cependant encore loin de la pacification, car le 29, à 30 kilomètres de Fez, le village du caïd des Cheragua, qui nous est fidèle, a été attaqué et incendié par les rebelles.

Cette attaque inopinée était dirigée par un nouvel adversaire, sorte de sorcier qui se donne pour l'ancien roghi, Bou Amara, que Moulaï-Hafid a jadis donné en pâture à ses lions. Cet imposteur Moulaï-Mohamed-ben-Hassan-es-Semhali a groupé une mehalla composée de déserteurs chérifiens, de Djebala, de Cheragua et d'ouled Aïssa. Elle était signalée, le 3 juillet, à Hadja Cherifa (30 kilomètres au nord de Fez).

Le 5 juillet au soir, laissant à la garde de son camp de Bou Raïs, sur le Sebou, le colonel Mazillier, le général Gouraud partait à la tête d'une colonne légère de quatre bataillons, avec cavalerie et artillerie. Après une marche de nuit de 24 kilomètres il réussit à surprendre le camp du roghi à 4 heures du matin. Le choc fut violent et décisif : après une heure et demie de combat, l'ennemi lâchait pied laissant sur le terrain ses morts, ses tentes, celle du roghi, ainsi que tous les bagages et quantité de munitions et d'armes.

Cette brillante action nous coûtait 3 tués et 18 blessés. La poursuite vivement menée le 6 et le 7 juillet ajoutait à nos pertes 1 tué et 5 blessés.

Le général Gouraud rentrait le 8 à son camp de Bou Raïs, où il est resté pour recevoir les soumissions des Cheragua, des Ouled Aïssa et des Hadjaona. Ses rapides succès ont produit une grande impression sur toutes les tribus des environs de Fez.

Colonne Dalbiez. — La sécurité est encore aléatoire sur la ligne d'étapes Rabat-Meknès : un djich des Zemmour, venu pour razzier le troupeau du poste de Souk el Arba, le 23 mai, fut heureusement éventé, et s'enfuit en laissant quelques-uns des voleurs sur le terrain. Quelques jours plus tard, un détachement du même poste surprenait un campement de dissidents sur la ligne d'étape près de l'oued Karroua. Une reconnaissance partie du poste de Maaziz, près de Tiflet, tombait le 17 juin sur un groupe de rebelles qui perdait deux tués et un prisonnier.

Le général Dalbiez, parti de Meknès avec quatre bataillons, deux escadrons et trois sections d'artillerie, se portant le 16 juin sur El Hajeb, tomba sur les Beni-M'tir et leur infligea un premier échec.

Le 18, il rencontrait au djebel Outiki (sud-ouest de Fez) un groupe de dissidents qu'il refoula après un combat assez vif, qui nous coûtait cinq tués et douze blessés.

Le 21, au campement de Sidi Abdessalem, une attaque de nuit fut repoussée et les dissidents poursuivis pendant la matinée du lendemain; nous avions quatre tués et six blessés.

Le 23, le général Dalbiez rencontrait à Bikit, à mi-chemin de Meknès à Sefrou, un gros contingent des Beni-M'tir, Beni-M'gild et Segrouchen, qu'il repoussait après un combat où nous eûmes trois tués et treize blessés.

Le 24, un détachement sous les ordres du commandant Tesson, envoyé à Sidi Abdessalem pour exiger l'exécution d'une clause de soumission, acceptée par une tribu, se heurta à un fort parti de dissidents, parmi lesquels se trouvaient des déserteurs chérifiens.

Pour avoir raison des rebelles, le général fit incendier les récoltes dans la plaine d'Er Riha et ramena la colonne à El Hajeb, le 26, en recueillant en chemin la soumission de quelques douars des Beni-M'tir. Le 28, il se portait au sud, à Agouraï, pour agir sur les Guerrouan, et retournait le 30 à El Hajeb.

Autour de Sefrou. — La garnison de ce poste est constamment aux prises avec de turbulents voisins, sans grand dommage d'ailleurs. Le 30 mai, des dissidents Aït-Youssi et Segrouchen, tentaient deux attaques infructueuses; nous avons eu six blessés. Le 11 juin, une reconnaissance partie de Sefrou sur Mesdou (12 kilomètres), eut son arrière-garde attaquée à Sebbart par un groupe de dissidents qui furent rapidement dispersés sans avoir causé de pertes.

Le 15, une nouvelle attaque sur Sefrou était repoussée. Le 16, la garnison fait une sortie, tombe sur les agresseurs, les refoule énergiquement et les poursuit à plus de 10 kilomètres au sud-est. Ce combat nous coûtait six tués et vingt-sept blessés.

Les dissidents des environs de Sefrou ont renouvelé leurs attaques sur cette ville les 6 et 7 juillet. Ils ont été repoussés par le feu de l'artillerie, sans pertes du côté de la défense, puis poursuivis par la garnison qui a fait une sortie pour se donner de l'air.

Les travaux nécessaires à la défense de Fez sont vivement poussés, sous la direction du capitaine du génie Normand. Les abords des remparts sont débroussaillés et dégagés, les brèches réparées, les portes aménagées pour faciliter le passage de l'artillerie. Trois redoutes ont été construites sur les hauteurs qui commandent la ville au nord et au sud.

OPÉRATIONS SUR LA MOULOUIA

Le général Lyautey, pendant son escale à Mers el Kébir, le 11 mai, au cours de son entretien avec le général Alix, autorisait le commandant des troupes de la frontière oranaise à franchir la Moulouïa. Le cours d'eau est facile à passer, comme le prouvent les incursions continuelles de partis marocains sur la rive droite que nous ne pouvions quitter. Mais aux yeux des ministres précédents, la Moulouïa représentait un symbole que nos troupes devaient respecter religieusement *per fas et nefas !* On a passé la rivière et l'obstacle symbolique par lequel les tribus ennemies se croyaient protégées s'est effondré. Un an d'immobilité militaire et politique avait permis à nos ennemis de constituer un bloc. Quelques semaines de mobilité l'ont dissocié.

Le 24 mai, à 4 heures du matin, le général Alix franchissait la Moulouïa et occupait Guercif, sur la rive gauche. Il en repartait le 26 avec quatre bataillons, la cavalerie et l'artillerie, laissant à la garde du camp un bataillon, un peloton de cavalerie et une section d'artillerie. Marchant vers le sud, la colonne s'arrêtait à Safsafat, point de passage de l'oued Melellou (1), à 12 kilomètres en amont de Guercif.

Quelques centaines de Haouara, cavaliers et fantassins, étaient embusqués vers Dra bou Mekhareg, au Teniet el Beghab et sur l'oued Melellou. Ils furent énergiquement dispersés de 6h 30 à 9 heures du matin, après un brillant combat d'avant-garde, conduit par le général Girardot. La colonne trouva la route libre et occupa Safsafat. Ce point commande la route de Taza et la vallée de l'oued Melellou. Le général Alix, après une halte de trois heures, ramenait la colonne à Guercif.

Cette journée nous coûtait deux légionnaires tués et dix blessés dont un officier.

Le 27 mai, des notables Haouara et Beni-Ouaraïn venaient demander l'aman. Le général Alix mit pour condition que tous les caïds vinssent s'associer à cette démarche. Sans les attendre,

(1) *Melillo,* sur les cartes.

il dirigeait la colonne du général Girardot, le 30 mai, sur Bou Yacoubat (rive droite), l'un des repaires des Beni-Ouaraïn. Ils ne tentèrent pas de résister, mais, pendant la nuit, des rôdeurs tirèrent des coups de fusil sur le camp et blessèrent un spahi.

Le 1er juin, le général Alix se portait de nouveau de Guercif sur Safsafat. Il rencontra à mi-chemin le *miad* (assemblée des notables) des Haouara et des Ouled Rahou, qui se rendait à Guercif pour traiter des conditions de l'aman. Le général refuse de nouveau d'entrer en négociations tant que tous les chefs de la confédération n'y auront pas adhéré, sans exception.

La colonne arrivait à Safsafat sans coup férir et y passait la nuit. Elle redescendit le cours du Melellou le lendemain et revint à Bou Yacoubat par la plaine de Djezira. Le général Alix retournait à Guercif le 4 juin pour discuter les conditions de l'aman des Haouara. Leurs tribus nous ont, depuis un an, fourni pour 800.000 francs de bétail, d'orge et de bois; et c'est contraintes et forcées, sous peine d'extermination, qu'elles ont participé aux attaques des Beni-Ouaraïn. Le général a accordé l'aman aux Ouled Rahou, à des conditions bénignes, bien qu'ils aient combattu nos troupes énergiquement, en particulier à Moul el Bacha; mais ils ont subi de grandes pertes et paraissent se rallier avec beaucoup de franchise, comprenant qu'ils y ont intérêt.

Le 7, une reconnaissance sous les ordres du commandant Hatton (tirailleurs, chasseurs d'Afrique et goum), partant de Guercif, a battu la plaine de Tafrata (rive droite) jusqu'à Chefoula.

Les randonnées de nos colonnes sur la rive gauche de la Moulouïa ont eu pour résultat immédiat de contraindre les tribus à déposer les armes et à renoncer à toute agression. Le général Alix peut maintenant passer à la seconde partie du programme arrêté de concert avec le général Lyautey, c'est-à-dire à la pacification de la rive droite. C'est dans ce but qu'après avoir fait la reconnaissance de l'oued M'soum, la colonne est rentrée à Merada. Elle en est repartie le 8, sous le commandement du colonel Bavouzet, pour Fritissa. Les généraux Alix et Girardot, restés à Merada pour recevoir M. Warnier, haut commissaire, qui visite les postes, ont rejoint le colonel Bavouzet en auto-mitrailleuse. La colonne parcourt les régions qui furent le théâtre des combats de Koubibicha et de Maharidja (18 mars et 9 avril); puis la région du Mahrouf, de Rechida et de la gada de Debdou, que nous n'avions pas encore pu soumettre et où succombèrent héroïquement le capitaine Labordette et le commandant Roumens (17 et 23 mai 1911). Quand l'œuvre de police sera accomplie, les troupes des confins pourront prendre leurs quartiers d'été et attendre le moment de marcher sur Taza.

Les Ouled Salem ont versé la presque totalité de l'amende dont ils avaient été frappés. Les tribus déposent les armes et la pacification est en bonne voie de Merada et Fritissa à Debdou.

Le 10 juin, au camp de Maharidja, les *miads* envoyés par les tribus de la Gada de Debdou, Beni Khelften, Ouled Daoud et habitants du Ksar d'Admeur, ont accepté les conditions de l'aman : restitution des prises et paiement de l'amende imposée.

Les cheurfas de Rechida se sont présentés au général Alix pour lui porter leurs souhaits de bienvenue et affirmer leur loyalisme.

Le 11 juin, les reconnaissances qui parcouraient la vallée de la Moulouïa en longeant les deux rives ont rencontré des campements d'Ouled el Hadj, en amont, qui n'ont manifesté ni hostilité ni frayeur.

A Maharidja, les Beni-Riss se présentent pour demander l'aman.

Répondant à l'invitation des chefs indigènes de Rechida, les généraux Alix et Girardot, leurs états-majors et des députations d'officiers de tous les corps s'y sont rendus sous escorte d'un bataillon de tirailleurs, d'un escadron combiné (spahis et chasseurs d'Afrique) et de goumiers.

Les Kebar venus au-devant de leurs invités, pour leur rendre hommage, les ont guidés à travers les deux ksour excessivement pittoresques de Beni Haken et de Rechida. La diffa était servie sur la terrasse de la Djemmaa.

Toutes les tribus de la gada de Debdou ayant payé l'amende imposée, le retrait du poste provisoire de Fritissa a été décidé par le général Alix, qui est rentré le 15 juin avec le général Girardot, à Merada.

Dans la nuit du 13 au 14, deux légionnaires en faction ont été atteints par des balles tirées par des rôdeurs.

Le général Alix est revenu à Guercif le 24. Un détachement de cavalerie a fait, le 25, la reconnaissance de l'oued M'soum jusqu'à 2 kilomètres de la casbah de ce nom; sans rencontrer aucune difficulté. La casbah de M'soum, située à 90 kilomètres d'Oudjda, n'est qu'à 50 kilomètres de Taza.

On se rend compte maintenant des résultats obtenus par ce fait bien simple d'avoir osé franchir la Moulouïa : après avoir cru de bonne foi que les Français n'osaient pas quitter la rive droite, ce fut pour les indigènes une véritable stupéfaction que de les voir circuler sur la rive gauche. Des colonnes volantes parcourent le pays en tout sens, rayonnant de Guercif, première étape de la route de Fez par Taza, et point d'une importance capitale aux points de vue militaire, politique, économique. C'était le lieu de concentration des dissidents, soudant la plaine à la montagne. Une ère nouvelle a commencé : les tribus hostiles sont dissociées et celles de la rive droite rassurées, se sentant protégées. La confiance est revenue : chefs et soldats redoublent d'entrain.

Aux environs d'Azemmour, un incident est survenu le 30 mai, dans la tribu des Aounat.

Le bureau arabe de Sidi Ali qui surveille la région avait envoyé le lieutenant Chatenay accompagné du médecin-major Georges, avec 70 goumiers à cheval et à pied, pour installer un nouveau caïd, Ben Chouffa, dans la tribu des Aounat, qui refusaient de l'accepter.

Au cours des discussions qui avaient lieu en plein marché, la fusillade éclata. Nous eûmes un goumier tué et quatre blessés. Tout l'effort du détachement tendait à empêcher ces derniers de tomber entre les mains des Aounat, et le docteur Georges qui était descendu de cheval pour soigner les blessés, faillit être pris, son cheval s'étant échappé. Après trois quarts d'heure de combat et sous une pluie de balles qui fit plus de victimes parmi les bestiaux du marché que parmi nos goumiers, on dut battre en retraite.

La nouvelle de cet incident étant parvenue à Azemmour, le commandant Bolelli arrivait à temps, avec 400 hommes, pour recueillir le détachement.

Les Aounat se sont enfuis chez les Rehamna.

Le sultan Moulaï-Hafid a quitté Fez le 6 juin pour se rendre à Rabat, en suivant la route prise par la colonne de secours du général Moinier, en mai 1911. Il a été escorté jusqu'à Dar Zrari par le général Brulard, et accompagné jusqu'à Sidi Gueddar par M. Regnault, qui l'a quitté le 9, pour se rendre à Larache, où il s'est embarqué. Moulaï-Hafid et son cortège sont arrivés à destination le 11 juin.

ABDICATION DE MOULAI-HAFID ET PROCLAMATION DE MOULAI-YOUSSEF

(13 AOUT 1912)

Un fait, important au point de vue politique, et qui d'ailleurs était prévu depuis longtemps, s'est réalisé. Le sultan Moulaï-Hafid a abdiqué le 11 août. Son frère Moulaï-Youssef, lui succède. La transmission du pouvoir s'est effectuée dans les conditions les plus régulières, sans soulever la moindre difficulté.

Moulaï-Youssef a été proclamé sultan à Fez, le 13 août, dans la mosquée de Bou Jeloud, selon les rites traditionnels, avec le cérémonial d'usage et le concours des ulémas et des autorités maghzeniennes, après lecture de la lettre de démission de Moulaï-Hafid déclarant que son état de santé l'obligeait à quitter le pouvoir, et que le choix de son successeur s'était porté sur son frère Moulaï-Youssef. Aucun élément français ne fut mêlé aux pourparlers préalables; mais le général Gouraud rappelé, au cours de son expédition contre le roghi, pour préparer la reconnaissance du nouveau sultan et guider discrètement les hauts personnages du maghzen, en cas de difficultés, était prêt à intervenir; le général Lyautey était resté à Rabat, auprès de Moulaï-Hafid, dans un but analogue. Ce dernier s'est embarqué, le 12, pour la France, selon son désir manifesté depuis longtemps. Il a débarqué à Marseille le 14 août. La France lui assure un traitement annuel de 375.000 francs. Installé à Vichy pour y prendre les eaux, Moulaï-Hafid paraît enchanté d'avoir reconquis sa liberté; ses largesses l'ont rendu populaire; les journaux et les photographes ne nous laissent rien ignorer de ses faits et gestes, et le potentat déchu n'est plus qu'un opulent touriste.

Le nouveau sultan Moulaï-Youssef est âgé de trente et un ans, comme son frère consanguin Abd-el-Aziz. Ainsi que ce dernier il est né d'une circassienne. Très attaché à Abd-el-Aziz, il lui resta fidèle jusqu'au dernier jour, et fut blessé à ses côtés, lors de la débâcle de sa mehalla, en 1908. Après la chute d'Abd-el-Aziz, Moulaï-Hafid accueillit Moulaï-Youssef, à Fez, avec une bienveillance particulière et lui donna le commandement d'une mehalla. Cette amitié, que ne connut aucun de ses frères, était inspirée d'ailleurs par des qualités rassurantes pour l'esprit ombrageux de Moulaï-Hafid, plutôt que par des considérations de sentiment.

D'une belle prestance et moins bronzé que ses frères, Moulaï-Youssef est, dit-on, modeste, consciencieux et incapable d'intrigues. C'est un esprit positif, pondéré et intelligent. On croit que, par tempérament et par calcul, il collaborera loyalement et sans arrière-pensée à l'œuvre du protectorat. Moulaï-Hafid l'avait pris comme Khalifat, et, après la révolte du 16 avril, l'avait nommé pacha de Fez. Il n'a pour le moment qu'un tort, celui de n'être pas suffisamment connu des tribus et de manquer de prestige personnel. Mais comme il a toujours mené une vie très digne et conservé une tenue impeccable au point de vue musulman, il y a tout lieu de supposer qu'il deviendra plus populaire que ses frères dont les allures fantasques et l'égoïsme ont trop souvent froissé les Marocains.

OPÉRATIONS MILITAIRES

(JUILLET-AOUT 1912)

Colonne Gouraud. — Cette colonne, que nous avons laissée le 8 juillet au camp de Bou-Raïs, y était rejointe le 10 par un détachement venu du fort Petitjean; elle parcourut ensuite les tribus de Cheragua, des Ouled-Aïssa et des Hadjouani qui ont demandé l'aman, pour assurer leur soumission. Le général Gouraud rentrait à Fez le 12, laissant ses troupes campées sur l'oued Mikkès, à 30 kilomètres au nord-ouest de la capitale, et sous le commandement du colonel Pein qui ramena la colonne huit jours plus tard, la tranquillité de la région paraissant assurée.

Le roghi Moulaï-Hassan, notre nouvel adversaire, s'était enfui dans la direction du nord après sa défaite des 6 et 7 juillet. Traversant le pays des Hyaïna il se réfugia dans la zone espagnole, chez les Hadjab, d'où il aurait envoyé des émissaires dans le Rif afin de recruter de nouveaux contingents. Dès le 31 juillet, il était signalé à Souk-el-Sebt-Gabsa, et un rassemblement de dissidents campait près de Souk-el-Tnin. Le 2 août, les tribus qui avaient demandé l'aman étaient razziées par le roghi.

Le 4, le général Gouraud se porte vers le nord avec 19 compagnies, 3 escadrons, 4 sections d'artillerie de montagne et 3 de mitrailleuses. Il était le 6 à Souk-el-Tnin (48 kilomètres de Fez) et établit son camp, le 8, à Moulaï-Bou-Chta. Nos reconnaissances parcourent le pays sans éventer la présence de groupes importants; elles reçoivent des coups de fusil isolés, un soldat chérifien est tué et quelques rebelles sont faits prisonniers. Le général Gouraud, rappelé à Fez en prévision de la prochaine abdication de Moulaï-Hafid, quitte la colonne et laisse le commandement au colonel Pein. Le roghi a disparu. Le 12 août, le commandant Fellert amène un convoi de vivres au camp de Moulaï-Bou-Chta. Des tribus soumises demandent au colonel Pein de les protéger : il se porte le 13 sur l'oued Ouerra et surprend un parti ennemi au pied du djebel Slès. Les dissidents vivement canonnés, puis chargés par la cavalerie, s'enfuient dans la zone espagnole. Nous avons un artilleur blessé; l'ennemi a laissé de nombreux morts sur le terrain.

Le lendemain, 14 août, la colonne quittait le camp de Moulaï-Bou-Chta et se portait sur El-Aïoun, quand, à 4 kilomètres du camp, elle fut assaillie sur son front et sur ses flancs par des masses ennemies évaluées à 4.000 combattants, à pied et à cheval. Notre avant-garde dut se replier pour occuper une crête, étant vivement pressée par des adversaires nombreux et mordants qui l'approchèrent jusqu'à 50 mètres. Elle fut dégagée par cinq compagnies d'infanterie coloniale et de Sénégalais commandées par le commandant Duhalde et le capitaine de Fontaubert, dont l'attaque, vivement menée, permit à l'artillerie et aux mitrailleuses de s'établir sur la crête. Le combat, commencé à 4 heures du matin, se termina à 2 heures de l'après-midi par la déroute des Marocains. Nous avons eu 9 tués et 48 blessés.

La colonne campa à El-Aïoun. Le 17, elle était l'objet d'une nouvelle attaque, mais l'ennemi, beaucoup moins mordant que le 14, fut facilement repoussé; nous avions 1 tué et 2 blessés. La plupart des tribus auxquelles nous avons eu affaire étaient venues de la zone espagnole; elles s'y sont réfugiées. Il est inadmissible que nous ne puissions les y suivre. C'est la rivière de l'Ouerra, affluent de droite du Sebou, qui forme la limite provisoire franco-espagnole. Les agitateurs peuvent préparer à leur aise leurs attaques sur la rive droite de l'Ouerra et y retourner après la défaite pour se réapprovisionner d'armes et de munitions. Il est absolument nécessaire que nous puissions les y poursuivre, les Espagnols n'ayant ni le pouvoir, ni la volonté de désarmer les dissidents. La sécurité de nos protégés et la vie de nos soldats ne peuvent être compromises par une fiction diplomatique.

Dans les combats du 14 au 17, nos troupes ont essuyé, pour la première fois depuis que nous sommes au Maroc, des feux de salve : c'est un indice de la participation de déserteurs chérifiens employés comme instructeurs par le roghi.

Il est indéniable que nos effectifs sont insuffisants à l'heure actuelle pour assumer la mission de pacifier les territoires qui nous sont soumis. Nos colonnes battent et dispersent les dissidents, mais ne les détruisent pas. Les populations que nous avons délivrées ont besoin d'être protégées contre les retours des harkas ennemies; mais pour l'être efficacement il faut que nous laissions à demeure des postes d'occupation pouvant fournir des détachements mobiles comprenant les trois armes, afin de donner la chasse aux agitateurs. Le jour où nous pourrons assurer la protection des tribus pacifiques contre les incursions de leurs voisins, elles nous seront entièrement dévouées; mais jusqu'alors elles seront forcées d'osciller entre les divers roghi et nous.

C'est pourquoi le colonel Pein ne peut actuellement quitter la région où il opère : il était le 25 août à Zelagh-Kahala, remontant la vallée du Sebou où le roghi est signalé, avec les débris de sa harka, recrutant de nouveaux combattants chez les Hyaïna. Il prêche la guerre sainte et cherche à entraîner les Beni-Ouaraïn du sud-est.

Au sud de Fez. — La garnison de Sefrou a fait, le 9 juillet, une sortie dans la direction de Medgha-Djarfa où elle a dispersé des rassemblements ennemis qui ont subi des pertes sérieuses. Les nôtres sont de 2 tués et 7 blessés.

Le colonel Mazillier, parti de Fez, le 17 juillet, avec 15 compagnies, 2 escadrons et 3 sections de montagne, se portait le 19 contre un rassemblement des Aït-Youssi, des Aït-Segrouchen et des Sidi-Rahou qui fut surpris, le 20, à 15 kilomètres au sud-ouest de Sefrou, à Abd-el-Ouschad. Ils furent dispersés et laissèrent 200 cadavres sur le terrain. Nous eûmes 3 tués, dont deux officiers (1), et 7 blessés. Les dissidents furent vivement poursuivis; la colonne campait près d'Immouzer où elle fut rejointe par un détachement de la garnison de Sefrou. Elle marcha ensuite sur Dalia et rayonna dans la région pour protéger les tribus soumises, pendant la durée de la moisson, jusqu'au 26 juillet.

Le général Dalbiez, parti de Meknès dans le même but, recevait la soumission de tribus dissidentes des Beni-M'tir. Il eut une rencontre assez vive, le 20, avec une harka des Guerrouan, près d'El-Hadjeb.

Une autre colonne, partie de Meknès sous les ordres du colonel Rebillot du 1er chasseurs d'Afrique, se portait le 5 août sur El-Hadjeb et dispersait un djich de dissidents dans la plaine

(1) Capitaine Flamand du 4e tirailleurs et lieutenant Arnaud du 1er chasseurs d'Afrique.

du Saïs. Sa présence ayant rassuré les tribus ralliées, elle est rentrée le 20 à Meknès, après avoir pacifié la région de Bahlil à Aïn-Cheggag.

La sécurité de nos convois sur la route de Fez à Rabat par Meknès étant toujours précaire (1), le général Dalbiez organise des pelotons de goumiers, recrutés parmi les tribus soumises, les plus rapprochées du parcours, pour y faire la police.

Sur les confins de la Chaouïa, le colonel Blondlat, qui effectuait une tournée de police au sud du camp Marchand, a été attaqué par des Zaer dissidents, à son bivouac, dans la nuit du 1er au 2 septembre. Au jour, la colonne a pris l'offensive et dispersé l'ennemi qui fut poursuivi jusqu'à 10 heures, laissant de nombreux cadavres sur le terrain. Nous avons perdu 8 tués, dont le capitaine Christian, le lieutenant de Monclin et le maréchal des logis Defranger, et 31 blessés.

La colonne campe le 3 septembre à Hadjinat-ben-Naceur.

Dans le Haouz. — Un nouveau champ d'opérations est ouvert à nos troupes dans cette région, au sud de l'oued Oum-er-Rbia, aux environs de Mazagan et d'Azemmour.

Le 15 juillet, les indigènes étaient en état de rébellion autour de Mazagan. Ils s'insurgeaient contre les exactions de leurs caïds que les officiers des affaires indigènes, installés dans la Chaouïa, ne peuvent réprimer. Les casbahs des caïds Kil et Lachmi ont été brûlées : ceux qui sont nos protégés se sont enfuis à Azemmour. Un détachement de troupes de la Chaouïa s'est porté à Sidi-Ali, à 20 kilomètres d'Azemmour.

Un engagement avait lieu, d'autre part, entre la garnison du fort Marchand et des contingents de Zaer qui ont été dispersés le 19 juillet.

Le colonel Charles Mangin (2), de l'armée coloniale, nommé

(1) Le 2 août, au passage de l'oued Kemisset, l'escorte d'un convoi avait un tué et deux blessés. Le 23 août, un convoi de 21 chameaux a été razzié par les Beni-M'tir.

(2) Cet officier supérieur, ancien membre de la mission Congo-Nil, dirigée par le commandant Marchand (1897-1900), s'est fait connaître par ses projets d'organisation d'une *armée noire*, encore en discussion. Il ne doit pas être confondu avec son homonyme, le colonel Mangin, ancien chef de la mission marocaine et organisateur des troupes chérifiennes.

commandant militaire de Mazagan, s'y est porté, de la Chaouïa, avec 3 bataillons sénégalais, 2 escadrons et de l'artillerie; il a fait sa jonction le 29 juillet avec une seconde colonne partie de Settat, et s'est établi à 25 kilomètres au sud de Mazagan; à Sidi-M'barech chez les Doukkala.

Les délégués des tribus Ouled-Hassaïn ont immolé des bœufs, en signe de soumission, réclamant d'autres caïds au choix du commandement militaire. L'ordre paraissant assuré, les troupes rentraient à Mazagan et Azemmour.

Mais peu après se produisait un incident dont les détails peuvent être intéressants à rapporter, car ils sont caractéristiques, au point de vue des mœurs marocaines et des difficultés que les agents de l'Espagne se plaisent à soulever pour contrecarrer l'action du protectorat français.

Un certain caïd, Triahi, contre lequel le général d'Amade eut à lutter en Chaouïa, dès 1907, et que nos troupes en chassèrent, avait émigré sur la rive gauche de l'Oum-er-Rbia. Il y était à l'abri de nos attaques, le Gouvernement ayant interdit à nos troupes de franchir le fleuve, et s'était alors installé à proximité de la côte, à quelques kilomètres de Mazagan et d'Azemmour.

Triahi, profitant des fonctions de caïd des Haouzia, qu'il avait obtenues de Moulaï-Hafid dont il avait défendu la cause, s'était organisé une véritable forteresse d'où il rançonnait les tribus environnantes, coupant les routes, arrêtant les caravanes et pillant ses administrés. Les rares Européens, qui se hasardaient entre Mazagan et Azemmour, n'obtenaient de sauf-conduit qu'au prix de sommes exorbitantes. Notre inaction pendant quatre ans conduisit Triahi aux pires excès. Ses actes de cruauté se multipliant, les deux tiers de ses administrés se réfugièrent sur la rive française, en Chaouïa.

L'autorité française avait bien, en 1911, obtenu de Moulaï-Hafid la destitution de Triahi, mais il n'en tint aucun compte; et quand le passage de notre mission sanitaire sur la rive gauche de l'Oum-er-Rbia, avec une escorte, amena des soldats français sur son territoire, Triahi réclama et obtint la protection du consul espagnol. Ce dernier, qui n'avait cessé jusqu'alors de joindre ses plaintes à celles de tous les consulats de Mazagan, contre les actes de pillage et de cruauté de ce brigand, n'hésita pas à le couvrir de la protection de l'Espagne, contrairement aux stipulations de la convention de Madrid et malgré les protestations indignées du maghzen.

Dès lors, l'audace de Triahi ne connut plus de bornes. A deux heures du poste que nous avions installé à Azemmour (juillet 1912) il multipliait les razzias et les arrestations arbitraires, enlevant tous ceux qui lui portaient ombrage, suppliciant ses prisonniers, et les jetant dans des silos où il les laissait mourir de faim. Tout récemment, il séquestrait trois indigènes soupçonnés par lui d'être en relations avec nos soldats, faisait périr l'un d'eux sous le bâton, murer le second dans un silo, et descendre le troisième dans un puits où nos troupes l'ont retrouvé mourant.

Prévoyant que le colonel Mangin allait investir son repaire, Triahi quittait précipitamment sa casbah, le 4 août, et se réfugiait à Mazagan, dans la maison du juif marocain Siksu, protégé espagnol. Le colonel Mangin l'y faisait cerner, le 5, par le tabor de police, et se portait contre la casbah défendue par le fils de Triahi et ses partisans. Elle fut bombardée et occupée; on y trouva des armes, des cartouches, des caisses de poudre, une importante correspondance et de nombreux prisonniers. Cette forteresse fut complètement rasée avec l'aide des populations environnantes, heureuses d'être débarassées du tyran qui les avait terrorisées. Nos soldats empêchèrent à grand'peine le lynchage des défenseurs de la casbah reconnus pour être les bourreaux dévoués à Triahi.

A Mazagan, le consul d'Espagne protestait énergiquement contre l'investissement de la maison de Siksu. A ces protestations, le consul de France répondit par une sommation d'avoir à livrer Triahi coupable d'usurpations de fonction, de rébellion envers l'autorité du maghzen, de pillages et d'assassinats. Le consul d'Espagne se refusant à admettre nos réclamations, une compagnie de tirailleurs vint renforcer le tabor de police. Le 6 août, profitant d'une sorte de trêve amenée par la reprise de discussions entre les consuls d'Espagne et de France, Triahi s'échappait à cheval, avec sept de ses fidèles, dont quatre furent tués et les autres pris. Dans cette échauffourée, le maréchal des logis Kieffer du tabor de police et un sous-officier indigène furent tués. L'abstention du consul d'Espagne, aux obsèques des victimes de Triahi, alors que tous les représentants des autres puissances y assistaient, venait ajouter un nouveau témoignage de la malveillance espagnole (1).

Le prétendant Moulaï-El-Hibba. — Mais la proclamation du nouveau prétendant Moulaï-El-Hibba, qui s'est fait reconnaître comme sultan dans le sud du Maroc, allait donner aux opérations militaires du colonel Mangin une autre envergure.

Nous avions signalé l'apparition de ce nouveau prétendant, prophète et mahdi, à la date du 6 mai, dans le Sous, où il provoquait une agitation révolutionnaire. Maître de Marrakech depuis le 17 août, il domine dans le Haouz et paraît avoir l'intention de nous attaquer en Chaouïa.

El-Hibba est le fils du fameux marabout du Sahara, Ma-el-Aïnin, émir de l'Adrar, saint personnage dont la zaouïa avait son siège en Mauritanie. Il en fut chassé, en 1909, par le colonel Gouraud qui en fit la conquête après une brillante mais dure campagne en plein Sahara. Ma-el-Aïnin dut s'enfuir au Taroudant avec ses fidèles *hommes bleus* voilés à la façon des Touareg. Jusqu'à sa mort (en 1911) il fut le plus ardent des xénophobes et notre irréductible ennemi.

Son fils El-Hibba lui a succédé comme héritier de la *baraka* (bénédiction spéciale qui confère une sorte de sainteté). L'autorité chérifienne, depuis longtemps anéantie dans le sud, lui laissait le champ libre; les foules ignorantes et fanatiques se sont ralliées à lui. Il pratique la sorcellerie, où la crédulité sans bornes des Arabes voit une manifestation divine : en voici un exemple : le

(1) Aux réclamations de la France, M. Garcia Prieto, président du Conseil, a répondu que le consul d'Espagne avait agi correctement en couvrant Triahi son protégé.

On sait, d'autre part, qu'en violation des accords franco-espagnols par lesquels les deux pays se sont engagés à se remettre réciproquement leurs déserteurs indigènes, les autorités espagnoles, civile et militaire, offrent en sous-main des primes assez élevées à nos soldats musulmans pour provoquer leur désertion, et font passer nos déserteurs à Melillà et à Ceuta pour les enrôler.

On écrit au *Temps* le 26 août : « M. Sostoa, consul d'Espagne à Mogador, mène une campagne contre le nouveau sultan Moulaï-Youssef et soutient ouvertement le nouveau prétendant El-Hibba. »

18 juillet, un garde-côte chérifien, le *Marrakchi*, qui surveillait le littoral au nord de Mogador pour empêcher la contrebande, essuyait des coups de feu. Il rallia notre croiseur le *Cosmao* et tous deux mirent le cap sur Agadir où ils lancèrent quelques projectiles pour disperser des rassemblements hostiles postés à Founti. Le *Cosmao* fit sauter la casbah du caïd Kouïma dont le minaret s'effondra sur l'édifice, tandis que le *Marrakchi*, à quelques encablures de la côte, canonnait les groupes embusqués le long du rivage. Cette opération dura quatre jours; les indigènes étaient venus très nombreux de l'intérieur. Mais, après le départ de nos marins, El-Hibba fit accroire aux Marocains que son pouvoir surnaturel avait englouti nos navires et leurs équipages. Il annonce maintenant qu'après avoir chassé Abd-el-Aziz et Moulaï-Hafid, il va faire disparaître Moulaï-Youssef, et que tout musulman qui se soumettra aux roumis sera frappé de paralysie.

El-Hibba est resté campé jusqu'au 6 août, entre Agadir et Taroudant, faisant proclamer la *guerre sainte* par ses émissaires dans le Sous et le Haouz. C'est le 10 août, à Chichaoua, qu'il se serait fait reconnaître comme sultan du sud.

Des trois grands caïds du sud, Glaouï, M'Tougui et Sidi-Aïssa-ben-Amar, le premier seul nous serait dévoué, le second aurait déjà rendu hommage à El-Hibba, et le troisième aurait voulu rester neutre. Mais l'entrée du nouveau sultan à Marrakech, le 17 août, les a tous forcés à se soumettre de gré ou de force. En prévision de ces événements, les Européens résidant à Marrakech ont pu gagner Safi trois jours plus tôt. Seuls MM. Maigret, consul de France, et Monge, vice-consul, les officiers du tabor chérifien, capitaine Verlet-Hanus, lieutenant Haring et Dr Guichard, le lieutenant algérien Kouadi et le sous-officier Fiori, sont restés prisonniers à Marrakech, leurs hommes ayant fait défection. Ils seraient en sûreté, provisoirement au moins, chez Glaoui.

Opérations du colonel Mangin (Août-septembre 1912). — Entre temps, le colonel Mangin s'était porté, le 15 août, à Souk-el-Arba des Rehamna avec 6 compagnies de tirailleurs sénégalais, 2 d'infanterie coloniale, 2 de tirailleurs algériens,

2 escadrons, une batterie de montagne et un goum. Le 16, le camp fut attaqué par des rôdeurs qui blessèrent quelques hommes. Le 17, un convoi de ravitaillement, amené par le lieutenant-colonel Salvy, était arrêté par 400 cavaliers des Rehamna qui furent rapidement dispersés, laissant leurs morts sur place; nous eûmes 2 Sénégalais tués et 20 blessés.

Le 19, le lieutenant-colonel Joseph, arrivant de la Chaouïa, avec un bataillon de zouaves, deux compagnies de tirailleurs algériens, un escadron de spahis et une batterie montée, occupait Meschra-ben-Abdou, point dominant de la vallée de l'Abdou, affluent de gauche de l'Oum-el-Rbia, à 25 kilomètres de Mazagan et à 90 kilomètres de Marrakech.

Les troupes dont dispose le colonel Mangin, dont l'effectif s'élève à 4.000 combattants, forment deux colonnes opérant, l'une sous les ordres du lieutenant-colonel Joseph chez les Doukkala, l'autre, sous le lieutenant-colonel Savy, chez les Rehamna.

Le chérif Omrani, notre fidèle allié, a levé 600 cavaliers chez les Doukkala ralliés à notre cause.

Le 21 août, des rassemblements de Rehamna dissidents ayant été signalés à 10 kilomètres au sud de Souk-el-Arba, le colonel Savy marchait à leur rencontre avec quatre compagnies, un escadron et une section de 75. Ce détachement joignit l'ennemi à 7 heures du matin et le combat se terminait à midi par la fuite de nos adversaires dont les pertes furent importantes. Nous avions 3 tués et 7 blessés. Le détachement rentrait le soir à Souk-el-Arba.

Le colonel Mangin apprenait, le 22, que le khalifat d'El-Hiba était signalé à Ben-Guerir, à l'ouest de Souk-el-Arba. Quittant le camp à 4 heures du soir, il rencontrait à 6 heures un groupe ennemi qui fut bientôt mis en fuite.

Le détachement reprenant sa marche atteignit, à 10 heures, le campement du khalifat; il fut emporté à la baïonnette. L'ennemi s'enfuit laissant des armes, des munitions et des drapeaux. Nous n'avions qu'un Sénégalais tué et deux blessés.

Le lendemain, 23 août, le colonel Mangin se repliait sur la colonne du lieutenant-colonel Joseph, au camp de Mechra-ben-Abbou. Sa marche fut ralentie par l'obligation de faire tête, dans un terrain accidenté, à des groupes de dissidents que des feux combinés d'artillerie et de mousqueterie mettaient en fuite, mais qui harcelaient de nouveau l'arrière-garde dès que la colonne se remettait en marche. L'ennemi ne renonçait à la suivre qu'à 10 kilomètres du camp. Cette journée nous coûtait 2 tués et 22 blessés.

Le 24, des cavaliers ennemis se montraient de nouveau aux environs : c'étaient évidemment les éclaireurs d'une force importante. On profita de cet avertissement pour renforcer les travaux de défense autour du camp.

Le 25, au point du jour, il était entouré par de nombreux contingents : les Marocains, qui s'étaient approchés par petits groupes, se lançaient, vers 6 heures, à l'assaut du camp, de trois côtés à la fois, en poussant des clameurs sauvages. Le colonel Mangin laissa venir les Marocains, à courte distance, pour les déterminer à resserrer leur masse, à bonne portée des tranchées où nos soldats étaient abrités. Ceux-ci ouvrirent alors, au commandement, un feu meurtrier qui mit les assaillants en fuite laissant de nombreux morts sur place. Le khalifat essaya à plusieurs reprises de tenter un nouvel assaut, mais, ayant subi des pertes énormes, il dut s'enfuir vers le sud, poursuivi par nos détachements. Cette journée de combat ne nous coûtait que quatre blessés. Le khalifat s'est retiré à Ben-Guerir.

Le 29 août, à 2 heures du matin, le colonel Mangin quittait Souk-el-Arba avec cinq bataillons, cinq escadrons et trois batteries. Au lever du jour, il atteignait la harka du khalifat d'El-Hibba retranchée sur les hauteurs de Sidi-Bahilil. Elle comprenait tous les dissidents du pays et des méharistes sahariens, formés en groupes compacts. Écrasés par le feu de notre artillerie, ils subirent des pertes énormes et s'enfuirent dans le plus complet désordre, sans attendre l'attaque de notre infanterie. Le colonel Mangin s'arrêta à Ben-Guerir, et la cavalerie poursuivit les fuyards jusqu'à Sidi-bou-Othman, à 20 kilomètres de Marrakech. Cette rencontre décisive ne nous coûtait que onze blessés.

Le 30 août au matin, le colonel Mangin ramenait la colonne par la vallée de l'Ouham, à l'ouest de la route suivie la veille, et rentrait à Souk-el-Arba, après avoir recueilli la soumission des tribus situées sur son passage.

En raison des succès obtenus sur les partisans d'El-Hibba, le général Lyautey, informé d'autre part que les caïds Glaoui, M'Tougui et Ayadi étaient prêts à se soulever contre El-Hibba dès qu'ils seraient soutenus par les troupes françaises, résolut d'attaquer Marrakech. Le colonel Mangin marcha sur la capitale du Sud dans la nuit du 4 au 5 septembre. Les renforts débarqués en Chaouïa avaient permis de tenir en réserve, à Settat, cinq nouveaux bataillons. En même temps, un bataillon de zouaves était envoyé par mer à Safi et à Mogador. Ces deux ports furent occupés chacun par deux compagnies, pour y maintenir l'ordre, à la grande satisfaction des habitants.

La distance qui sépare Souk-el-Arba de Marrakech est d'environ 100 kilomètres. La colonne Mangin occupait, le 7, la palmeraie de Marrakech. Elle était précédée par les goums du commandant Simon, qui avaient eu à débusquer, à Sidi-bou-Krachi, à 22 kilomètres au nord de Marrakech, un parti ennemi rapidement mis en fuite.

Le lendemain 8 septembre, à 8 heures du matin, le commandant Simon entrait à Marrakech sans coup férir et se portait au dar el Maghzen où il trouvait, sains et saufs, nos compatriotes prisonniers d'El-Hibba. Ils avaient été délivrés par les caïds qui, à l'annonce de l'arrivée des troupes françaises, avaient soulevé la population loyaliste contre l'usurpateur. El-Hibba s'était enfui avec quelques fidèles, sous le feu des habitants de Marrakech.

La colonne, arrivée au pont de l'oued Tensift à 10 heures du matin (4 kilomètres de Marrakech), occupait la ville à midi.

La reprise de la capitale du Sud est un fait capital dont on ne saurait exagérer l'importance. Toute la France a partagé les angoisses du général Lyautey enfermé dans ce dilemme : attaquer Marrakech au risque de provoquer le massacre de nos compatriotes prisonniers, ou négocier leur rachat, ce qui nous mettait en humiliante posture. Le résident général n'a pas hésité : il a pris le parti de l'audace et a pleinement réussi. Ce succès aura un retentissement considérable dans tout le Maroc et ailleurs.

Les opérations militaires qui ont amené le colonel Mangin à Marrakech, et dont les détails circonstanciés nous parviennent à la fin de septembre, comportent plus d'un enseignement : ils font le plus grand honneur aux troupes qui y ont pris part et à leur chef (1).

Le 5 septembre, à 3 heures du matin, le colonel Mangin partait du camp de Souk-el-Arba à la tête de 6 bataillons (1 colonial, 2 sénégalais, 2 de tirailleurs algériens, 1 de zouaves), 3 escadrons (2 de spahis, 1 de chasseurs d'Afrique), 3 batteries, 5 sections de mitrailleuses, 2 goums marocains, 200 partisans Chaouïa et Rehamna, formant un total de 5.000 combattants. Il emmenait un convoi de 2.000 chameaux portant 15 jours de vivres, 500.000 cartouches et 4.500 coups de canon de réserve, ce qui lui permettait de poursuivre sa marche jusqu'à Marrakech sans laisser aucun détachement en arrière pour garder ses communications avec la Chaouïa.

Les troupes, parfaitement aguerries par les combats précédents et remarquablement entraînées, étaient pleines d'ardeur et impatientes de rencontrer l'ennemi et de délivrer les prisonniers d'El-Hibba.

Dans la matinée du 5, la colonne atteint sans incident les puits de Ben-Guerir où le khalifat M'Rebbi-Robbo a été battu le 29 août. La colonne peut abreuver hommes et chevaux et s'approvisionner d'eau pour l'étape suivante. La région parcourue a été complètement évacuée par ses habitants.

La marche est reprise à 2 heures de l'après-midi. Le colonel Mangin arrête ses troupes, à la nuit tombante, vers Nzalet-el-Adhem, après un parcours de 37 kilomètres dans un terrain aride et caillouteux qui rendit l'étape très pénible. L'avant-

(1) Par une intéressante coïncidence, le colonel Mangin, en un temps où il ne pouvait prévoir qu'il serait le conquérant de Marrakech, a raconté, dans un livre plein de science et de poésie, l'histoire de cette capitale religieuse du Moghreb musulman et la vie de son fondateur, lointain prédécesseur de S. M. chérifienne, qui s'appelait Youssef comme le sultan actuel du Maroc. Ce Youssef, simple berbère, rude soldat et marabout vénéré, devenu chef des Almoravides, passa le détroit de Gibraltar pour porter secours aux émirs de Grenade et de Séville, l'an 1086, et défit, le 25 octobre, le roi Alphonse VI de Castille qui régnait à Tolède. Ce fut une journée décisive sur laquelle se sont lamentés, pendant des siècles, les troubadours du *Romancero.* Youssef étendit son empire du Niger à Lisbonne et mourut l'an 1106.

garde avait, dans l'après-midi, enlevé quelques prisonniers : ils confirmèrent que M'Rebbi-Robbo était campé auprès des deux marabouts de Sidi Bou-Othman, avec 10.000 fusils et 4 canons.

Le 6, à 3 heures du matin, la marche est reprise : on fait halte, au jour, pour distribuer l'eau portée en tonnelets par le convoi. La colonne était remise en mouvement quand l'avant-garde signala l'ennemi venant à sa rencontre.

Le colonel Mangin a réparti ses troupes en trois groupes : le premier, sous les ordres du colonel Savy, comprend : le 7e bataillon de tirailleurs sénégalais, commandant Monoven, avec un peloton monté, capitaine Landais, 800 fusils; le 3e bataillon du 1er colonial, commandant Bouteloup, 500 fusils; une section de 75, capitaine Jansoul; une de 65, lieutenant Jacquier; un escadron du 1er spahis, capitaine Picard; un goum mixte, lieutenant Brissot.

Deuxième groupe, commandant Rueff, de l'infanterie coloniale : 6e bataillon de tirailleurs sénégalais, capitaine Bellanger; 3e bataillon du 3e tirailleurs algériens, commandant Perrier; une batterie de 65, capitaine Pol; un demi-escadron de spahis, lieutenant Fortoul.

Troisième groupe, colonel Joseph : deux compagnies du 2e bataillon du 1er zouaves, commandant Cosman; deux compagnies du 4e bataillon du 3e zouaves, commandant Périer; une batterie de 75, capitaine Goujon; 4e escadron du 1er chasseurs d'Afrique, capitaine Vallée.

A ces trois groupes de combat s'ajoutent : une section du génie, capitaine Gasquel; deux sections de munitions, lieutenant Anglési; l'ambulance, Drs Julien et Quétin; le convoi aux ordres du sous-intendant Gaillac et des lieutenants du train Valade, Peyris et Casabalte, comprend 2.000 chameaux et un nombre à peu près égal de chevaux et de mulets.

L'état-major du colonel Mangin est ainsi composé : commandant de la Bruyère, chef d'état-major; capitaine de Kervanoël, sous-chef; capitaine Cornet, officier d'ordonnance. Le commandant Simon, chef du service des renseignements, est secondé par les lieutenants Britche et Sumyan.

Le colonel Mangin dispose son infanterie en carré d'un kilomètre de côté, l'artillerie, la cavalerie et le convoi à l'intérieur, et se porte à la rencontre de l'ennemi qui s'avance sur un front de 4 kilomètres. A 7 heures, notre artillerie ouvre le feu à 1.500 mètres : dans un bel élan de fanatisme, les Marocains se ruent à l'attaque, mais le tir rapide et précis de notre artillerie produit un effet foudroyant et déblaie le terrain en avant du front. Cependant les cavaliers marocains, prenant des fantassins en croupe, se portent sur les flancs de notre dispositif et tentent de nouvelles charges, secondés par la fusillade de leurs piétons qu'ils ont déposés dans des trous ou derrière des buissons. Repoussés de même de chaque côté par les feux d'infanterie et d'artillerie, les assaillants tentent une attaque sur l'arrière sans plus de succès.

Toujours tenaces, mais moins mordants, ils reviennent encore une fois, faisant mine d'entourer le carré sur toutes ses faces. Mais le colonel Mangin porte tout son dispositif en avant pour en finir. Il est 9 heures, les Marocains refluent en masses sur leur camp afin de sauver les bagages; l'artillerie les poursuit par un tir progressif merveilleux de justesse. Réunissant alors toute la cavalerie, le colonel Mangin donne au capitaine Picard l'ordre de poursuivre à outrance les fuyards. En tête, les goumiers et les partisans de la Chaouïa, commandés par le caïd Tounsi, se déploient en fourrageurs; les spahis suivent formant la première ligne, les chasseurs d'Afrique la seconde, et les Sénégalais montés la réserve. Les goumiers et partisans tombent sur le camp où les tentes sont encore dressées, tandis que les spahis et chasseurs d'Afrique, les dépassant, se portent sur les deux marabouts d'où part une vive fusillade. Tous les défenseurs sont tués : un cavalier marocain qui porte un étendard vert cherche à s'échapper et jette son emblème que rapporte le maréchal des logis chef Crétenet, du 4e spahis.

A midi, les troupes se rassemblent autour des deux marabouts de Sidi Othman, au delà du camp ennemi où se trouvent des amas de fourrages et de sacs de farine, des approvisionnements de toute sorte en vivres et en munitions, deux canons Krupp avec 800 projectiles. Cette artillerie ne nous a causé aucun dommage, ceux qui la servaient ignorant le maniement de la hausse et la nécessité de déboucher les évents.

Prise de Marrakech (8 septembre 1912). — Le terrain est couvert de corps d'hommes et de chevaux; nos soldats, harassés par une marche de 53 kilomètres et six heures de combat, doivent encore le déblayer et enfouir les cadavres. L'ennemi accuse 2.000 tués. Nos pertes s'élèvent à 5 tués et 23 blessés.

Les troupes ont besoin de repos, mais il importe de ne pas laisser aux Marocains le temps de se reconnaître et de rallier leurs débris dispersés; le colonel Mangin forme une colonne légère sous les ordres du commandant Simon, chef du service de renseignements. Elle comprend toute la cavalerie, avec les Sénégalais montés du capitaine Landais et une section de 75. Ce détachement part avant la nuit; il franchit le col du Djebilet, dans un terrain rocheux et difficile qui amène la rupture successive de trois roues de canon. On les remplace par celles d'un caisson qu'on est forcé de laisser sur place, après avoir réparti son chargement entre les Sénégalais, à raison de deux obus par homme.

Un autre arrêt a été motivé par une fusillade de dissidents embusqués à 400 mètres sur le flanc droit de la colonne. L'escadron de chasseurs d'Afrique fait un détour pour les prendre à revers tandis que quelques coups de canon tirés à mitraille précipitent leur retraite. Le commandant Simon s'arrête à l'entrée de la palmeraie.

On repart, le 7, avant le jour.

Le détachement a été précédé à Marrakech par des émissaires indigènes porteurs de messages adressés aux notables.

A 7 heures du matin, le commandant Simon fait tirer le canon pour annoncer son arrivée et se porte résolument sur la ville, où l'on entend une vive fusillade. Après avoir franchi à gué l'oued Tensift et traversé la palmeraie, le détachement arrive sous les murs de Marrakech où il est reçu par une députation précédée du drapeau tricolore. Une lettre du commandant Verlet-Hanus fait connaître que El-Hibba a pris la fuite à 5 heures du matin et que nos compatriotes sont sains et saufs, abandonnés par leurs geôliers.

Le colonel Mangin, parti avec la colonne, à 5 heures du matin, de Sidi-Bou-Othman, arrivait à 10 heures à l'oued Tensift où il attendait les renseignements du commandant Simon. Informé à midi par cet officier supérieur et le commandant Verlet-Hanus en personne, le colonel Mangin prit possession de Marrakech, peuplée de 100.000 habitants et dont l'enceinte n'a pas moins de dix-huit kilomètres de tour. Il y a proclamé l'état de siège.

Le général Lyautey est arrivé à Marrakech le 2 octobre; il a passé la revue des troupes et a remis la croix de commandeur de la Légion d'honneur au colonel Mangin.

Il procède à l'organisation du Haouz et a l'intention de diviser en secteurs la région de Marrakech. Il a donné aux grands caïds des instructions précises pour le rétablissement et le maintien de l'ordre dans leurs territoires respectifs. Inaugurant dans le sud la politique indigène qui est la préparation du protectorat effectif, le général Lyautey a ramené à la cause de l'ordre les grands caïds Glaoui, M'Tougui et Mennou qui ont pris, eux-mêmes, en main la lutte contre El-Hibba. Le caïd Goundafi a également promis son concours, en exprimant son regret de n'avoir pas arrêté la fuite du prétendant; Guellouli, qui fut le premier à se ranger sous la bannière d'El-Hibba, a demandé à se soumettre, ainsi que le caïd Anflous, notre vieil ennemi, qui, dans la région de Mogador, proclame maintenant l'avènement de Moulaï-Youssef. Très sagement le Résident général encourage le dévouement des uns, et est disposé à accorder aux autres le pardon qu'ils sollicitent. Il a remis les insignes d'officier de la Légion d'honneur à El-Hadj-Thami-Glaoui et à son frère El-Madoni-Glaoui qui ont assuré la sécurité des fonctionnaires et officiers prisonniers d'El-Hibba.

Au point de vue administratif, la région de Marrakech est partagée en trois cercles, dont les deux premiers ont leur siège dans cette ville. Le colonel Mangin, qui a le commandement supérieur de toute la région, est à la tête du premier cercle, et le colonel Savy à la tête du second, dénommé cercle des Rehamna. Le troisième, dont le siège est à Mogador, comprend les Ilaha et les Chiadma; il a pour chef le commandant Massoutier.

En raison de l'étendue de son gouvernement, le colonel

Mangin est chargé d'appliquer le régime du protectorat en laissant l'administration directe aux caïds désignés par le maghzen et *agréés par les populations* (1).

Pour le moment, nous allons mettre à l'épreuve le loyalisme des grands féodaux du sud, les deux Glaoua, le M'Tougui, le Goundafi, Anflous, Si Aïssa ben Omar et El-Hayadi, récemment élu par les Rehamna. Tous se sont engagés à poursuivre, avec les contingents dont ils disposent, El-Hibba et ses partisans. Le prétendant s'est réfugié de l'autre côté de l'Atlas, à Taroudant, point situé à 100 kilomètres de Marrakech. Plusieurs de nos caïds ont déjà arrêté des émissaires d'El-Hibba, porteurs de lettres de ce dernier, qui donnent la preuve de ses relations avec le roghi poursuivi par le colonel Pein dans la région de l'Ouergha, au nord de Fez. Cette rivière qui sépare la zone française de la zone espagnole assure l'impunité du faux Bou-Amara tant que nous serons seuls à respecter la limite conventionnelle dont il n'a aucun souci (2).

Le colonel Mangin a quitté Marrakech le 15 octobre avec 5 bataillons, 2 escadrons et 1 batterie pour se rendre à Mogador. Il était à Aïn-Beïda le lendemain, a été bien accueilli et a reçu la soumission des Sraghna.

Le 17, la colonne occupait Chichaoua, jusqu'où l'attitude des tribus qu'elle a traversées a été convenable, quoique dénuée d'enthousiasme. Le 18, elle s'est portée sur la zaouia de Sidi-Moktar : à partir de Ahmou-Ahmar les populations se montrent plutôt hostiles; cependant, sur le territoire de Desbah, le colonel Mangin reçoit la soumission des Ouled-Amran. Mais, en approchant de la zaouia de Sidi-Moktar, tous les douars environnants ont été abandonnés; on fait tirer le canon sur la casbah par précaution, et on la trouve évacuée. Pendant la durée du séjour

(1) C'est une expérience intéressante que tente le général Lyautey : on sait que, sous l'ancien régime maghzénien, les grandes charges du gouvernement marocain étaient mises à l'encan; d'où, pour les titulaires, l'obligation de « *faire suer le burnous* » pour rentrer dans leurs débours. D'autre part, la politique des sultans consistait à appliquer la maxime *divide ut regnes* en semant la mésintelligence entre ces puissants seigneurs afin de les empêcher de s'unir contre leur suzerain.

(2) Le roghi semble d'ailleurs abandonné de ses partisans, car la dernière colonne mobile du colonel Pein est rentrée à Fez le 27 octobre.

de nos troupes, les dispositions sont prises pour parer à toute attaque, mais aucun incident ne se produit.

La colonne est arrivée à Mogador le 23 ayant fait sa jonction, à 35 kilomètres de cette ville, avec un détachement des zouaves qui y tiennent garnison. Sur le parcours, le colonel Mangin a été bien accueilli par les habitants, surtout par les tribus Besseba. Plusieurs chefs du Haouz, qui avaient pris parti pour El-Hibba, ont demandé l'aman.

Dans le même temps, une colonne sous les ordres du commandant Peltier a parcouru sans incident la région au sud de Mazagan. Elle a séjourné chez les Ouled-Aïssa; à Souk-el-Elate elle a reçu la soumission des tribus Karkra; le 25 octobre, le commandant Peltier faisait sa jonction, à 15 kilomètres de Safi, avec un détachement de la garnison de cette ville.

Le colonel Mangin est reparti de Mogador le 28 octobre sur deux colonnes, dont la seconde est placée sous les ordres du commandant Cornu. Elles doivent rentrer à Marrakech le 5 novembre, après avoir parcouru de nouveaux itinéraires dans la région du Haouz.

En l'absence du colonel Mangin, le commandement de Marakech est confié au colonel Savy qui dispose de sept compagnies, d'un escadron et d'une batterie.

La sécurité sur les lignes d'étapes. — Dans la région de Meknès, la sécurité ne peut être considérée comme assurée : on signale, en septembre et octobre, à diverses reprises, des rassemblements de Zaïan, de Beni-M'tir et de Beni-Guild entre Agouraï et El-Hadjeb. Les colonnes, commandées par le colonel Robillot et le commandant Dupertuis, ont rayonné dans cette zone pour disperser les dissidents qui disparaissent à l'arrivée de nos troupes mais se reforment après leur passage.

Une troisième colonne, sous les ordres du colonel Conte, a pu atteindre une harka rebelle dans la région d'Agouraï et lui livrer combat le 20 octobre, à l'entrée de la forêt de Jobo où elle s'est enfuie. Nous avons eu six blessés.

Le 27 octobre, une patrouille partie du camp Petitjean a été attaquée sur la lisière de la forêt de Mamora.

Opérations sur les confins de la Chaouïa (Septembre-octobre 1912). — Chez les Zaer la situation ne s'est pas améliorée : cette confédération, qui groupe plus de 50.000 âmes sur les confins nord de la Chaouïa, entre l'Atlas et la mer, a été plusieurs fois punie; mais elle n'a pas éprouvé de défaite assez sérieuse pour lui faire passer ses instincts de pillage et ses velléités de révolte. Depuis l'assassinat du lieutenant Marchand, une seule leçon, un peu tardive mais bien méritée, avait été infligée aux Zaer par le général Branlière en juillet 1911. Elle n'a malheureusement pas eu de lendemain, en raison de l'inaction imposée aux troupes de la Chaouïa à la suite de l'incident d'Agadir, puis, plus tard, en avril 1912 par la révolte de Fez, et, en ces temps derniers, par l'expédition de Marrakech.

Cependant, à la fin d'août, le général Lyautey envoyait le colonel Blondlat, de l'infanterie coloniale, à la tête d'une colonne (1), parcourir la région voisine des Zaer pour protéger les tribus ralliées.

Le 31 août, une première attaque, tentée par les Zaer sur le camp Marchand, était repoussée par les goumiers de la Chaouïa. Le colonel Blondlat, s'étant porté sur leurs traces, campait le soir, à 10 kilomètres, quand il fut attaqué dans la nuit du 1er au 2 septembre par de forts contingents auxquels il infligea de grosses pertes et qu'il dispersa. Nous avions 8 tués et 31 blessés. La colonne poursuivit les Zaer jusqu'à Hadjerat-ben-Naceur.

Le 5 septembre, le colonel Blondlat atteignait un gros rassemblement zaer dans la région du Grou, très défavorable à leurs troupeaux qui n'y trouvent pas de pâture. Après un engagement qui leur coûta de grosses pertes, certaines fractions des Zaer demandèrent à se soumettre.

La colonne put circuler pendant six jours à travers les tribus sans avoir à tirer un coup de fusil; elle rentrait à Hadjerat-ben-Naceur le 10. Mais, le 14, une attaque de dissidents grossis de contingents berabers nous coûtait 9 tués et 30 blessés.

---

(1) Cette colonne comprenait 7 compagnies, 2 escadrons, 1 goum, 2 sections d'artillerie et 2 de mitrailleuses.

Nous avons signalé l'engagement de la colonne Blondlat qui a eu lieu dans la nuit du 1er au 2 septembre, p. 151).

Les tribus qui avaient fait leur soumission (800 tentes environ) sont restées fidèles, mais la question zaer est loin d'être réglée et il faudra un effort sérieux pour en finir.

Des bandes de rebelles ayant été signalées chez les Tadla, au sud-est de la Chaouïa, une colonne a été réunie à Dar-Chaffaï sous les ordres du colonel Gueydon de Dives. Elle s'est portée le 14 octobre sur la casbah Ethaz, à la recherche d'une harka signalée dans ces parages, et campait le soir à El-Boroudj, à 35 kilomètres de Dar-Chaffaï. Attaquée pendant la nuit du 14 au 15 (1) par 1.500 cavaliers zaer, elle les a repoussés et poursuivis dans la direction de Termazt.

Dans la matinée du 16, le colonel Gueydon de Dives était attaqué dans son camp de Termazt par 4.000 dissidents qui, vigoureusement reçus, furent mis en fuite après un violent combat.

Le 17, la colonne se portait sur leurs traces : elle trouva les Zaer près de Sidi-Naceur et leur infligea une défaite complète. On estime que ces trois combats leur ont coûté 1.200 hommes dont 400 tués. Nos pertes sont de 10 tués et 54 blessés; parmi ces derniers sont trois officiers, les capitaines Jacques et Paris et le lieutenant de réserve Soglia.

Une colonne légère, sous les ordres du commandant Falconetti, a été chargée de traquer les dissidents et a incendié les douars, mesure rigoureuse qui a amené quelques soumissions.

Le général Franchet d'Espérey a pris le commandement, le 23 octobre, à Dar-Chaffaï.

CONCLUSION DE L'ACCORD FRANCO-ESPAGNOL

L'établissement du protectorat français au Maroc a été fâcheusement retardé par l'obligation qui nous était imposée de faire à l'Espagne sa part. Nous lui avons, à tort ou à raison, reconnu des droits et nous ne pouvons manquer à nos engagements pris à une époque où l'Allemagne n'avait encore manifesté aucune velléité d'intervention dans l'Empire chérifien.

---

(1) Le capitaine Desneux y fut tué.

Quand, le 31 mars 1905, l'empereur Guillaume II fit à Tanger une manifestation sensationnelle en faveur du sultan Abd-el-Azis, le Gouvernement français avait déjà signé des conventions avec l'Italie en 1902, avec l'Angleterre en 1904 et avec l'Espagne la même année, obtenant le désintéressement des deux premières puissances au Maroc et le partage éventuel du territoire chérifien avec la troisième.

Dès 1902, la France et l'Espagne en avaient envisagé la possibilité, en raison de l'anarchie marocaine, mais à une date indéterminée. Les négociations n'aboutirent cependant qu'en 1904.

C'est qu'en effet un accord franco-anglais relatif à l'Égypte et au Maroc était signé le 8 avril 1904. Il comprenait cinq articles *secrets* (1) :

Le premier visait le statut politique de l'Égypte et du Maroc; le deuxième, l'abolition possible du régime capitulaire et judiciaire; le cinquième, d'ordre financier, concernait la dette égyptienne.

Les articles 3 et 4 sont relatifs à l'Espagne : ils conviennent qu'une certaine partie du territoire marocain, adjacente à Melilla, Ceuta et autres présidios, tombera dans la sphère espagnole le jour où le Sultan cesserait d'exercer son autorité. Dans ce cas « la côte, depuis Melilla jusqu'aux hauteurs de la rive droite du Sebou exclusivement, sera administrée par l'Espagne », sous la promesse qu'elle maintiendra la liberté commerciale et qu'elle laissera à la France le droit de veiller à ce que les concessions de routes, chemins de fer, postes et autres entreprises d'intérêt général soient données sous l'autorité du Gouvernement marocain. Il reste interdit à l'Espagne de construire (en dehors de ses présidios méditerranéens) des fortifications sur la côte marocaine depuis Mellila jusqu'au Sebou.

L'accord franco-espagnol, signé le 6 octobre 1904 par MM. Del-

(1) On s'est élevé avec virulence dans la presse et au Parlement contre les traités secrets : il est de toute évidence cependant que certains engagements, pris entre nations alliées ou amies ayant des intérêts communs, ne peuvent être révélés *urbi et orbi*, sous peine de perdre toute valeur. Pour publier un traité, il faut d'abord que les deux parties y consentent; et de tout temps certaines négociations internationales ont été, sont et seront de nature à ne pas être publiées.

cassé et Leon y Castillo, présentait, à l'encontre de l'accord franco-anglais du 8 avril, les divergences suivantes :

Le premier prévoit que l'Espagne pourra réaliser sa mainmise sur la zone qui lui est attribuée, le jour où le Sultan cessera d'y exercer son autorité. Le second crée ouverture de ce titre non seulement dans le cas où disparaîtrait l'autorité chérifienne, mais encore « dans celui où le Sultan ne pourrait plus assurer l'ordre », ou même « dans tout autre cas à constater d'un commun accord avec la France (1) ».

C'est à cette vague rédaction que nous devons les conflits d'interprétation qui ont divisé la France et l'Espagne.

Mais depuis que l'accord franco-allemand du 4 novembre 1911 nous a été imposé, sans que l'Espagne ait manifesté l'intention d'y intervenir en raison de ses engagements bilatéraux avec la France, la situation prévue par la convention franco-espagnole de 1904 s'est trouvée inapplicable par cas de force majeure.

Nous avons traité avec l'Allemagne pour tout le Maroc (2). Il était un peu tard pour l'Espagne d'invoquer un traité que les événements ont rendu caduc, et de dire à la France : « Ce que vous avez fait avec l'Allemagne ne me regarde pas. »

La France ayant libéré le Maroc de l'hypothèque allemande, au prix de la cession de notre colonie du Congo, l'Espagne ne peut refuser de reconnaître la part de la dette que nous avons payée pour elle.

Enfin, après une discussion qui a duré plus d'un an, l'accord

(1) C'est en prenant texte de ce dernier article que l'Espagne a notifié à la France, le 28 avril 1911, la déclaration que « la deuxième des éventualités prévues à l'article 3 (impuissance du maghzen à assurer la sécurité de l'ordre public) se trouvant réalisée, l'Espagne se trouve libre d'exercer son action dans sa zone sans que la France ait le droit de s'y immiscer pacifiquement ni militairement, ni d'utiliser ses ressources, etc. ». L'Espagne occupait aussitôt Larache et El-Ksar. Notre ministre des Affaires étrangères, M. Cruppi, formula immédiatement un refus très net, d'accord avec le Gouvernement anglais, en faisant valoir que la marche de la colonne Moinier sur Fez, pour prêter au Sultan l'aide qu'il réclamait pour raffermir son pouvoir, n'équivalait en rien à la disparition de son autorité.

(2) Il est assez plaisant de constater que le problème marocain, qui se résout, à son terme, contre l'Allemagne, a subi, d'un bout à l'autre de son évolution, la pression décisive de cette puissance. En 1904, la France et l'Espagne se chargent seules de la solution; en 1905, sous la poussée allemande, elles acceptent la formule internationale; et c'est encore sous cette même pression qu'en 1911 on revient de cette seconde méthode à la première.

s'est fait et le traité franco-espagnol vient d'être conclu entre les deux gouvernements.

Voici les grandes lignes de ce traité :

Il définit tout d'abord l'action que l'Espagne aura à exercer dans sa zone d'influence, action qui doit consister à prêter aide aux autorités marocaines pour l'établissement des réformes dans cette zone, et y assurer la tranquillité sous l'autorité du Sultan dont les pouvoirs seront reportés sur le Khalifat qui les exercera avec le concours d'un commissaire espagnol. Cette zone d'influence espagnole, au nord, a subi une légère diminution dans la vallée de l'Ouergha. Au sud, l'Espagne cède à la France une partie de sa zone dans la région du Dra, à l'exception de l'enclave d'Ifni. Telles sont les compensations que nous recevons de l'Espagne en échange des sacrifices faits au Congo par la France en faveur de l'Allemagne pour obtenir sa liberté d'action au Maroc.

Les douanes de la zone espagnole seront libres de toute intervention française, les droits des porteurs de l'emprunt étant assurés moyennant le paiement par l'Espagne d'une part proportionnelle des intérêts et de l'amortissement.

Le chemin de fer de Tanger à Fez sera concédé à une seule compagnie dont les Français auront 56 % du capital, les Espagnols 36 % et les tierces puissances 8 %. La construction du chemin de fer sera mise en adjudication aux enchères publiques.

Tanger sera pourvu d'un régime spécial.

Le traité réglera la situation des missions franciscaines, l'organisation éventuelle des tribunaux, et la réforme du régime des protégés.

Insécurité des lignes d'étapes (Décembre 1912-janvier 1913). — La sécurité des lignes d'étapes est toujours précaire, ce qui rend nécessaire l'envoi de colonnes mobiles pour traquer les coupeurs de routes et assurer les communications.

La colonne commandée par le colonel Blondlat, dont nous avons relaté les opérations chez les Zaer en septembre, s'est portée sur Teddert, dans la région de Rabat, le 3 décembre, et s'est établie au camp de Merzaga d'où elle a rayonné. Le 6, elle avait un engagement avec des dissidents qu'elle dispersa; nous avons 1 tué et 6 blessés.

Une nouvelle rencontre eut lieu le 16, à 20 kilomètres d'El-Maaziz, sur l'oued Sidi-Darb : nous avons eu 3 blessés.

A Dayet, à 20 kilomètres de Fez, des tribus loyalistes des Hamiane repoussent et poursuivent un parti de Beni-M'tir qui a attaqué leurs douars. Un poste permanent est organisé à Dayet-Guetchani pour protéger la plaine du Saïs.

Le colonel Rose se porte avec un détachement contre un rassemblement signalé au sud de la casbah d'Arroub. Il y est attaqué pendant la nuit du 11 au 12 décembre par les Beni-M'tir dissidents, qui sont repoussés et poursuivis, sans perte de notre côté.

Le 14 janvier 1913, un groupe de Beni-M'tir ralliés est attaqué par les Beni-M'Guild, à 6 kilomètres du poste d'Agouraï, vers Sidi-Mohamed-Ben-Omar. Un détachement du poste envoyé au secours des Beni-M'tir est attaqué très violemment par une harka, qui est repoussée avec de grandes pertes et dispersée. Ce combat nous coûte 3 tués dont 1 officier, le lieutenant Rambaud, et 13 blessés.

Le 16, une fraction importante des Aït-Bougroun, et des Beni-M'tir soumis qui avaient fait défection à l'affaire du 14, s'étant établis à Aïn-Maarouf, à 12 kilomètres d'Agouraï, le commandant Laborderie partit de ce poste, afin d'empêcher le mouvement de gagner les tribus voisines; il combina une attaque de concert avec la garnison d'El-Hadjeb.

L'ennemi averti avait abandonné Aïn-Maarouf. Au retour, le commandant Laborderie rencontra, près du marabout de Moulaï-Rechid, un fort contingent d'Aït-Bougroun et de Beni-M'Guild qui tentèrent de lui barrer la route, le 18.

Un violent combat s'engagea qui dura quatre heures. Écrasé par le feu de l'artillerie, l'ennemi dut s'enfuir, laissant de nombreux morts sur le terrain. Nous avions 1 sous-officier et 2 spahis tués, 2 officiers et 10 soldats blessés.

La colonne du commandant Laborderie, installée à Aïn-Maarouf, a reçu des renforts qui portent son effectif à 7 compagnies, 2 pelotons de cavalerie et 2 sections de montagne; elle surveille la région de concert avec le détachement du lieutenant-colonel

Neltner, des chasseurs alpins, qui, venu d'El-Hadjeb, occupe la casbah d'Arroub. Ces colonnes de police, en communication avec le poste d'Agouraï, enserrent les dissidents. Le 22 janvier, le lieutenant-colonel Neltner réussit à attirer à lui les Beni-M'Guild, en simulant une retraite sur El-Hadjeb. Ils le suivirent et, tombant dans le piège, furent décimés par le feu de l'artillerie et s'enfuirent sans pouvoir relever leurs morts. Nous eûmes 3 tués et 10 blessés.

Le 25, le colonel Reibell, parti de Meknès, surprit une harka de rebelles en se portant sur Aïn-Maarouf, et la mit en pleine déroute. Nos pertes sont de 4 soldats tués et de 17 blessés, dont 2 officiers.

Le Roghi. — Le roghi Moulaï-Hassan, dont on n'avait plus retrouvé la trace depuis que le général Gouraud lui avait infligé, les 14 et 17 août 1912, les défaites qui l'ont obligé à se réfugier dans la zone espagnole, a reparu, le 6 novembre, chez les Aït-Youssi, accompagné d'une centaine de fidèles.

A la fin de décembre il était signalé à Mesdra-Djora, à 10 kilomètres au sud-est de Sefrou, cherchant à rassembler une harka et menaçant de razzier les tribus soumises.

Le commandant Michaud est parti de Fez le 26 décembre avec un bataillon, deux pelotons de cavalerie et une section de montagne et s'est établi à la casbah d'Aïn-Sala pour surveiller Moulaï-Hassan.

OPÉRATIONS DANS LA RÉGION DE MARRAKECH

Pendant les mois d'octobre et de novembre, le colonel Mangin n'a cessé de faire rayonner des colonnes dans le Haouz, afin d'obtenir la soumission des tribus indécises, entre Marrakech, Mazagan et Mogador. Ces marches et contre-marches ont été l'occasion de fréquentes rencontres sans importance : nous ne citerons que les principales.

Le 15 novembre, le colonel Mangin s'était porté avec trois bataillons, un escadron et une batterie de montagne chez les Mesfloua que Madoni-Glaoui avait essayé vainement d'amener à composition. La colonne se dirigea contre des rassemblements signalés dans les premiers massifs montagneux. Accueilli dès les premiers contreforts par une vive fusillade, le colonel Mangin dispersa l'ennemi et s'empara de plusieurs villages, au cours d'un combat qui dura trois heures. Nous n'avons eu que 3 blessés.

Le lendemain, le détachement, divisé en trois colonnes, parcourait les environs sans trouver de résistance.

Le 25 novembre, retournant de Mazagan à Marrakech, le colonel Mangin était attaqué près de Demnat par une harka rebelle. Écrasée à 1.700 mètres par le feu de notre artillerie, elle fut mise en pleine déroute et poursuivie par les Sénégalais. L'ennemi laissait 60 cadavres sur place; nous n'avions que 7 blessés.

Les détachements commandés par les colonels Savy et Joseph ont été échelonnés sur la route qu'a suivie Moulaï-Youssef pour se rendre à Marrakech.

Le colonel Peltier parcourt les tribus Doukkala et Abda pour recevoir leurs soumissions.

***

Le sultan Moulaï-Youssef a quitté Rabat le 30 novembre pour se rendre à Marrakech où il est arrivé le 13 décembre, à petites journées, escorté d'un cortège de plus de deux mille cavaliers.

Il y a reçu l'hommage des caïds Glaoua, Goundafi, M'Tougui, Aïssa-ben-Omar, et de ceux des Sraghna, Oulad-Bouchta, Rehamna et Ourika. L'attitude des tribus a été d'un parfait loyalisme partout sur son passage. Il se peut que les acclamations qui accueillent Moulaï-Youssef décèlent des protestations contre les Roumis maîtres du pouvoir temporel. Loin d'inquiéter l'autorité française, ce sentiment ne peut que lui être favorable, car nous ne pouvons nous passer de la collaboration du Sultan; sa popularité croissante, due à la correction de son attitude au point de vue religieux, rendra l'exercice du pouvoir protecteur d'autant plus facile que le souverain religieux sera plus aimé et respecté.

On mande de Mazagan, le 20 janvier 1913, que Moulaï-Youssef a été proclamé sultan à Tiznit par les tribus des Glaoua, grâce à la politique du colonel Mangin, et avec le concours de Hadj-Thami-Glaoui.

DÉFECTION DES CAIDS ANFLOUS ET GUELLOULI

Nous avons laissé le prétendant El-Hibba à Taroudant où il s'est réfugié après l'entrée de nos troupes à Marrakech. La première de ces villes, située sur le versant opposé de l'Atlas, est séparée de la capitale du Haouz par une distance de 100 kilomètres à vol d'oiseau.

Nous avons dit également que, pour ne pas disséminer ses forces, le général Lyautey avait laissé aux grands caïds du sud, les Glaoua, M'Tougui, Mennou, Goundafi et Anflous, la mission de poursuivre le prétendant. L'une de ces harkas « loyalistes », commandée par Moulaï-Rechid, oncle du sultan, devait être levée dans la région de Mogador.

Au milieu de décembre, seuls les contingents des Glaoua étaient aux prises avec les partisans d'El-Hibba, dans les environs de Taroudant. Les adversaires se sont rencontrés et, selon la mode arabe, ont brûlé beaucoup de poudre sans grand résultat. Ils n'ont guère cherché à se joindre jusqu'à présent et, de part et d'autre, paraissent manquer d'ardeur. Nous avons dit également que les caïds Guellouli et Anflous, après avoir marché contre nous sous la bannière du prétendant, s'étaient hâtés de reconnaître leur erreur et avaient demandé l'aman, qui leur fut accordé. Toutefois, s'ils cherchaient à rassembler leurs contingents c'était sans excès de zèle; leurs atermoiements laissaient supposer qu'ils ne marcheraient pas de bon gré.

C'est pourquoi le colonel Mangin jugea nécessaire de faire soutenir les harkas indigènes par des troupes françaises pour les déterminer à combattre celles du prétendant.

La harka de Moulaï-Rechid, l'oncle du Sultan, avait été formée d'Arabes et de Berbères des environs de Mogador, appartenant à des tribus de tout temps ennemies entre elles. Rassemblée dans cette ville, elle y séjournait depuis deux mois sans qu'il fût possible de la décider à partir. Le commandant Massoutier, de l'artillerie, reçut l'ordre de la mettre en marche. Elle partit en rechignant et mit quinze jours pour se rendre de Mogador à

Souk-el-Had-Smimoun, sur la route d'Agadir, soit un parcours de 40 kilomètres, et s'arrêta à portée d'une harka d'une fidélité douteuse, forte de 3.000 hommes et commandée par le caïd Guellouli. Celle de Moulaï-Rechid avait à peu près le même effectif, dont la moitié était fournie par le caïd Anflous, beau-frère de Guellouli.

La colonne du commandant Massoutier assiégée à Dar-el-Kadi (16 au 25 décembre 1912). — Le commandant Massoutier reçut alors l'ordre de se porter sur Souk-el-Had pour pousser en avant la harka de Moulaï-Rechid. Il partit de Mogador le 14 décembre avec deux compagnies du 3e zouaves et une section de mitrailleuses, formant un total de 300 hommes, et 180 askaris du tabor de police; il s'établit le soir dans un camp qu'il eut heureusement la précaution de fortifier le lendemain.

Dans la nuit du 16 au 17, la lune couchée, une fusillade intense éclatait, sur les faces ouest et nord du camp, accompagnée de hurlements effroyables. Les zouaves garnissent immédiatement les tranchées et répondent au feu de l'ennemi. Celui-ci pénètre dans le camp par la face nord que défendait le tabor. Les Marocains commencent à piller les tentes, mais ils sont repoussés à la baïonnette par les zouaves qui les chargent au pas de course avec un merveilleux entrain. L'intérieur du camp est heureusement nettoyé : il était temps, car les hommes du tabor, affolés, tiraient au hasard dans toutes les directions, tuant et blessant quelques-uns de nos soldats qui accompagnaient de leurs feux de salve la débandade des Marocains. Leur feu continua jusqu'au jour, tandis que les officiers faisaient cesser celui des zouaves en raison de l'inefficacité du tir de nuit.

Au jour, le feu de l'ennemi reprit avec une grande intensité, et on vit descendre de tous les côtés de la montagne la harka de Guellouli. Quant à celle de Moulaï-Rechid, elle n'avait pas bougé. Elle disparut peu à peu, partie de ses hommes s'enfuyant, d'autres se joignant aux assaillants.

Malgré leur feu, les zouaves avaient fait le café et chargé les bagages pour le départ. La veille, le commandant Massoutier avait fait mettre en état de défense le bordj de Dar-el-Kadi, voisin du camp. Vers 8 heures il le fit occuper par un peloton. Le cercle se resserrait de plus en plus : la colonne rétrograda sur le bordj en bon ordre, les bagages et le convoi y étaient mis en sûreté à 9h 30, et la défense organisée. Les mitrailleuses furent placées dans un réduit central, avec le tabor dont on n'était pas sûr. L'ennemi donnait bientôt un assaut furieux qui échoua. Vers 4 heures du soir, les dissidents repoussés essaient de prendre le bordj par la ruse; ils envoient un parlementaire : des Arabes s'avancent la crosse en l'air. On sonne : « *Cessez le feu !* » Les Marocains profitent de cet arrêt pour s'approcher et piller les bagages restés au pied du mur, tandis que d'autres s'adressent aux soldats du tabor pour les entraîner à la défection; les plus audacieux escaladent un mur, pénètrent dans une cour du bordj et tirent sur les défenseurs; mais fusillés à bout portant, ils sont tous massacrés au nombre d'une centaine.

Dans la soirée se produisit une nouvelle attaque qui fut repoussée par les mitrailleuses placées au premier étage du réduit.

L'ennemi, n'osant plus attaquer de vive force, comptait prendre le détachement par la soif et la faim. Pendant huit jours il continua de tirailler. La défense dédaignait de répondre, ne tirant qu'à coup sûr afin de ménager les munitions. Seules, les mitrailleuses balayaient les groupes qui tentaient de se former à bonne portée. Mais la garnison du bordj avait à lutter contre un adversaire plus redoutable que le Berbère : la soif. Il n'y a pas d'eau dans le bordj où n'existe qu'une citerne, et elle est vide. On n'a pu aller à l'eau le 17 pendant le combat; ce jour-là, personne n'a mangé. Le 18, tous les bidons sont vides. On n'a pour vivres que les deux jours de réserve du sac, quelques pains et quelques légumes. Le tout est bientôt épuisé.

Le 19, on tue des chameaux et des mulets, on boucane la viande pour assurer la nourriture.

Le 20, on souffre cruellement de la soif; on boit l'eau qu'on trouve dans l'estomac des chameaux abattus; quelques hommes boivent leur urine. Anflous, avec qui on parlemente, envoie 12 litres d'eau. On la distribue : chacun en reçoit deux cuillerées à café dans la bouche; les loustics ont encore la force de plaisanter. Heureusement, dans la nuit du 20 au 21, éclate un orage providentiel. La pluie est abondante; on en recueille autant que les récipients le permettent. La citerne se remplit à moitié. La garnison est sauvée ! Il reste assez de viande boucanée pour assurer les vivres. Sans cette pluie, le détachement était décidé à faire une sortie pour essayer de percer, ce qui ne pouvait réussir; mais mieux valait encore se faire tuer les armes à la main que de périr par la soif.

Le 19, on avait enterré les morts : le lieutenant Chamant et huit zouaves. Le commandant prononça les adieux, un officier récita une courte prière. Pendant cette triste cérémonie, les balles venaient battre la façade des bâtiments, et les Marocains, groupés sur les pentes, à 1 kilomètre, avaient des vues sur le rassemblement dans la cour du bordj. « Jamais, dit un témoin, je n'avais assisté à des funérailles aussi simples ni aussi poignantes ! »

A 150 mètres de la casba, des Marocains, abrités par des plis de terrain, viennent chaque jour injurier nos soldats et les menacent des plus cruels supplices. Ils s'adressent particulièrement aux askris du tabor et les invitent à livrer leurs officiers.

Dans la matinée du 24 décembre, le bruit lointain du canon vint réjouir la garnison de Dar-el-Kadi : on put même distinguer le crépitement des mitrailleuses. Bientôt on entendit sonner la marche des zouaves. C'était la colonne de secours amenée par le général Brulard : elle avait rencontré une grande résistance et ne rejoignit les assiégés que le 25, après une suite de combats sérieux. Le général Brulard entrait à 10 heures du soir au bordj, qu'il trouvait entouré d'un affreux charnier formé par des cadavres de Marocains tombés au cours des différents assauts et que leurs coreligionnaires n'avaient pu relever : spectacle saisissant par le clair de lune.

La colonne Massoutier est délivrée par le général Brulard. — C'est le 17 décembre que le général d'Esperey avait été informé, à Rabat, des événements survenus à la colonne Massoutier. Il ordonna aussitôt l'embarquement, à destination de Mogador, de toutes les troupes disponibles à Casablanca, Safi et Mazagan et en donna le commandement au général Brulard qui s'embarqua à bord du *Du Chayla,* avec trois compagnies du 14e bataillon de chasseurs alpins et une batterie de 75 de campagne, à Casablanca, le 19. Par malheur, la mer était mauvaise et la barre infranchissable à Mogador. Le débarquement ne put être effectué que le 23.

Le général Brulard partait le lendemain, avec les trois compagnies du 14e chasseurs alpins, une de tirailleurs et deux de zouaves, se dirigeant sur Dar-el-Kadi. Il mit dix-huit heures pour parcourir 30 kilomètres en combattant. Les Marocains réunis en forces, à 12 kilomètres de Mogador, firent une résistance acharnée. Mais ils ne purent tenir, et le 25 décembre, à 10 heures du soir, la garnison de Dar-el-Kadi était délivrée. La colonne de secours avait fait des pertes sérieuses; *tués :* les lieutenants Tournaire du 14e alpin, et Duverger du 3e tirailleurs, et 8 soldats; *blessés :* le capitaine Nasica du même régiment, le lieutenant Clamens du 1er d'artillerie et 65 hommes.

Le retour de la colonne Brulard, grossie du détachement Massoutier, alourdie par un long convoi de blessés, fut pénible. Nos troupes furent harcelées sans discontinuer par les rebelles qui ne leur causèrent aucune perte mais qu'il fallut débusquer, par le feu de l'artillerie et des mitrailleuses, à tous les accidents du terrain très mouvementé. Mais, en arrivant à Mogador, le rideau s'est refermé derrière la colonne, malgré les renforts qu'y amenaient le lieutenant-colonel Rueff (parti de Marakech pour parcourir la région des Chiadma), et, peu après, le colonel Gueydon de Dives, commandant le régiment de marche des zouaves.

L'effervescence autour de Mogador prend la forme d'un véritable soulèvement. Cette recrudescence d'agitation est due à la défection des auxiliaires indigènes que nous avions armés et placés sous le commandement du caïd Anflous. Ces contingents sont également grossis par des renforts envoyés du Sous par El-Hibba.

Le général d'Esperey a fait partir, le 31 décembre, vers le sud, une reconnaissance sous les ordres du lieutenant-colonel Ruef. Laissant à Diabet (7 kilomètres au sud de Mogador) le 14e bataillon alpin, la colonne, composée de quatre compagnies de tirailleurs et de trois compagnies de Sénégalais, poussa jusqu'à la palmeraie de Mogador, point situé à 10 kilomètres de cette ville, d'où l'on domine la région avoisinante. Chemin faisant, nos troupes eurent à disperser des groupes ennemis et à canonner une casbah où s'étaient retranchés des rebelles qui en furent chassés.

En même temps, un détachement, aux ordres du commandant Raymond, se portait dans la direction du nord pour surveiller la route de Safi. Il campait à 10 kilomètres de Mogador, en territoire Chiadma. Un second détachement faisait la navette entre la ville et le camp. Le commandant Raymond pousse des reconnaissances qui battent le pays. Les coupeurs de route sont peu nombreux, et les Chiadma n'ont pas encore pris nettement parti pour la rébellion.

Le sud est seul menaçant : les aviateurs de la colonne Rueff, lieutenants Peretti et Fernstein, ont constaté à Taquidert, aux environs de la palmeraie, des rassemblements évalués à 3.000 ou 4.000 fusils.

Dans la nuit du 4 au 5 janvier, la palmeraie a été attaquée, mais le lieutenant-colonel Rueff a repoussé les dissidents, sans pertes de notre côté. En même temps, le bataillon du commandant Coutard, campé en avant de Mogador pour assurer la liaison avec les détachements éloignés, a été l'objet d'une attaque de la part de bandes sans consistance qui ont disparu après une fusillade inoffensive qui a duré trois quarts d'heure.

Le 7 janvier, le colonel Gueydon de Dives se portait à 20 kilomètres à l'est de Mogador et occupait la casbah du caïd Kihouban, resté fidèle. Sa mission avait un double objectif : 1° dégager la route de Mogador à Marakech qui passe par la vallée de l'oued Kseb; 2° séparer les Chiadma, tribus du nord, encore hésitantes, des tribus Haha rebelles de la région du sud. A cet effet, la colonne Gueydon de Dives se porta droit à l'est, la colonne Rueff lui servant de flanc-garde dans la direction du sud. Arrivé à la casbah de Kihouban, le colonel traita avec le caïd afin d'obtenir qu'il assurât le ravitaillement de Mogador en bétail et moyens de transport. Le soir même la colonne était l'objet d'une très vive attaque qui fut repoussée mais nous coûta 7 tués et 35 blessés.

Le lendemain 8, la colonne se porta sur les traces de l'ennemi qu'elle trouva à Souk-el-Khemis (35 kilomètres de Mogador). Le combat dura quatre heures, l'ennemi laissa 500 cadavres sur le terrain, en s'enfuyant. Nos pertes étaient encore de 7 tués et 30 blessés.

De son côté, le lieutenant-colonel Rueff, n'ayant rencontré aucun adversaire, se portait au devant de la colonne Gueydon pour la ravitailler et évacuer ses blessés; elle le rejoignit le 10. Cette opération a dégagé Mogador. Le chef des Chiadma, Hadji, s'y est présenté le 9 pour faire sa soumission. Guellouli et Anflous avaient assisté au combat du 8 janvier. Le premier a envoyé des émissaires à Mogador pour proposer de se soumettre et demander quelles conditions lui seraient imposées pour rentrer en grâce. Quant à Anflous, il s'est retiré dans sa casbah.

Les colonnes Gueydon et Rueff sont rentrées, le 11, à Mogador, pour prendre quelque repos avant la prochaine expédition. Leur perte totale s'élève à 23 tués et 96 blessés. Le bataillon Cornu, du 4e tirailleurs, compte 50 hommes hors de combat.

Le ravitaillement de Mogador se fait régulièrement par les Chiadma bien qu'ils soient souvent attaqués par les partisans d'Anflous. Les Haha sont toujours sous les armes, à Sidi-Boudja et à Souk-Sebt-Meknafa (30 kilomètres au sud-est de Mogador) menaçant les voies d'accès. La route de Safi est libre.

Expédition contre les Anflous. — Le général d'Esperey organise une expédition pour en finir avec Anflous (1) et Guellouli. Elle sera commandée par le général Brulard et comprend 5 bataillons, 2 escadrons, 7 sections de mitrailleuses, 5 d'artillerie de montagne et 2 de campagne. Deux bataillons de tirailleurs algériens, commandants Rose et Duruy, ont débarqué à Mogador.

La colonne du général Brulard est partie de Mogador le 20 janvier, accompagnée du général d'Esperey. Les communications sont rétablies avec les Chiadma; ils ont fourni cent cinquante chameaux pour le convoi qui suit la colonne. Elle a

(1) Le 30 octobre, le caïd Anflous avait fait un accueil grandiose à la colonne Mangin, qui campait sur son territoire en allant de Marakech à Mogador. Anflous exprima son vif désir de voir sa juridiction territoriale agrandie et se montra si hospitalier pour ses hôtes que, cédant à son insistance, le colonel et son état-major séjournèrent chez Anflous pendant trois jours. Pour tous ceux qui connaissent la versatilité d'esprit des Arabes, de tels revirements ne sauraient étonner.

campé le soir du 20 à Souk-el-Had, où le caïd Kihouban, des Chiadma, avait fait préparer les approvisionnements. Le lendemain elle s'est établie à Souk-Tleta-el-Hauchen, et devait atteindre, le 22, Bouriki sur l'oued Kseb. Chemin faisant, nos troupes ont échangé des coups de fusil avec quelques groupes des Haha. Mais, au lieu de se diriger en droite ligne vers le sud, en traversant la région montagneuse où a été arrêtée la colonne du commandant Massoutier, du 14 au 25 décembre, le général Brulard a décrit un demi-cercle vers le nord et traversé le territoire des Chiadma soumis qu'il importait de délivrer des groupes Haha encore menaçants; il a campé le 22 janvier au soir à Souk-el-Khemis des Meskala et n'est arrivé que le 23 à Bou-Riki sur l'oued Kseb, dans un terrain très accidenté, où la colonne est en contact avec le gros des forces ennemies. Le camp est établi dans la vallée de l'oued Kseb, et toutes les crêtes aux alentours sont occupées par des avant-postes renforcés qui tiraillent sans relâche avec les dissidents. La colonne n'est plus qu'à environ 12 kilomètres de la casbah d'Anflous.

Des reconnaissances en aéroplane ont volé le 23 janvier audessus du camp et porté des messages à Mogador. Dans le même temps, l'artillerie des croiseurs *Friant* et *Du Chayla* a canonné les tribus Isarn le long de la côte.

Le 24, le général Brulard a quitté Bou-Riki et s'est porté sur la zaouïa de Sidi-el-Hacen : la colonne a trouvé les crêtes garnies de contingents ennemis qui dirigeaient sur elle un feu violent, mais qui furent rapidement délogés par notre artillerie. On atteignit Sidi-el-Hacen à midi; ce point est situé à 6 kilomètres de la casbah d'Anflous. Le feu n'avait pas cessé depuis 6 heures du matin. L'ennemi qui n'avait pu, malgré ses fréquentes attaques, arrêter notre marche, tenta une défense désespérée à Sidi-el-Hacen et tint ferme malgré les pertes que lui causèrent le tir de l'artillerie et des mitrailleuses. Il fallut donner l'assaut et la zaouïa fut emportée, après deux heures d'un combat violent qui nous a coûté 9 tués et 37 blessés dont 3 officiers.

Le 25, le général Brulard se dirigeait au petit jour sur la casbah d'Anflous, sorte de nid d'aigle, centre de résistance des rebelles qui considéraient ce point comme inexpugnable.

En raison des difficultés du terrain, le convoi, les impedimenta et les pièces de 75 de campagne avaient été laissés à la zaouïa de Sidi-el-Hacen, sous la garde d'un fort détachement.

Il est à peine 6h 30 lorsque les avant-postes ennemis signalent la colonne. Une fusillade très vive s'engage alors, qui ne fait qu'augmenter à mesure que le jour s'élève. Les rebelles occupent toutes les hauteurs et dirigent sur nos troupes un feu si violent que la marche est arrêtée pour faciliter le déploiement. Les sentiers abruptes deviennent de plus en plus étroits et difficiles. Les spahis qui sont à l'avant-garde, sous le commandement du capitaine Picard, reçoivent l'ordre de suivre la route d'accès, pour y attirer l'attention de l'ennemi, tandis que l'infanterie, utilisant merveilleusement le terrain, s'avance par bonds successifs, chaque fraction alternant pour protéger par son feu la marche en avant de celle qui l'avoisine.

Prise de la casbah. — A 8 heures, l'infanterie se heurte à des tranchées formidables qu'il est impossible de franchir, faute d'artillerie. Une compagnie de tirailleurs parvient à tourner l'obstacle et tombe à la baïonnette sur l'ennemi pris à revers. Le désordre se met parmi les défenseurs; ils se replient sur des tranchées établies en arrière, mais en sont débusqués de la même manière. Tout cède à la poussée irrésistible des alpins, des zouaves, des tirailleurs et des sénégalais. Les Marocains débordés de toute part se réfugient dans la casbah dont les portes sont bientôt éventrées et qui est prise d'assaut. Les défenseurs affolés s'enfuient. Anflous n'a pas attendu l'assaut et a disparu. Nous avons trouvé dans la casbah des approvisionnements considérables en vivres et en munitions, quantité de fusils Mauser et Martini, de nombreux papiers et une fabrique de fausse monnaie, ainsi que des cadavres enchaînés dans des oubliettes.

Nous avons eu 13 tués, dont 1 officier supérieur, le commandant Holbecq du 1er groupe d'artillerie de campagne, et 72 blessés, dont les lieutenants Brillat-Savarin de la 3e batterie coloniale et Umbdenstock de la 4e.

La victoire du général Brulard á été décisive et le retentissement de ce fait d'armes a produit dans la région une impression salutaire. Les tribus font leur soumission.

Anflous et Guellouli sont en fuite. Ce dernier s'est réfugié chez les Ida-ou-Guellouli; quant à Anflous, il a gagné l'Atlas et est signalé chez les Ida-ou-Tanan, au nord-est d'Agadir.

Guellouli s'est rendu au commandant Cornu le 4 février.

L'ORGANISATION DU PROTECTORAT

(1913)

Le général Lyautey, résident général de la France au Maroc, est arrivé en France le 22 novembre 1912 et est retourné à son poste le 2 février 1913.

Le but de son voyage était de soumettre au Gouvernement un programme d'organisation du protectorat marocain. Le général a exposé, devant la Commission des affaires extérieures, avec une merveilleuse clarté, les conditions dans lesquelles il conçoit sa mission. Ces conditions découlent des quatre principes suivants :

1° Ne pas vouloir tout prévoir en enfermant le possible dans le cadre d'un programme rigoureux fixé *ne varietur*. Le général a cité cet exemple : « Je ne voulais pas aller à Marakech. J'y suis pourtant allé et j'ai bien fait. De même, je n'ai pas l'intention de me porter, dès maintenant, sur Taza; et cependant il se peut que j'y aille, et sans expédition. »

2° Il espère ne pas avoir besoin de demander des renforts et compte pouvoir suppléer au nombre par le mouvement en raison du degré d'entraînement des troupes du corps d'occupation. C'est en les rendant plus mobiles qu'il compte poursuivre sa tâche. Or, le seul moyen d'y parvenir, c'est de créer des voies de communication. C'est pourquoi il est urgent de trouver les ressources nécessaires à l'aménagement de nombreuses routes et à l'achèvement des ports.

3° L'organisation des régions occupées dépend de l'alliance étroite de l'action militaire et de l'action politique et économique. Il est nécessaire que le résident général dispose d'officiers possédant l'expérience de cette méthode. Les résultats obtenus en Chaouïa depuis quatre ans sont concluants; et le général Gouraud, à Fez, a depuis plus de six mois tiré le meilleur parti de la pacification, à ce point qu'aujourd'hui nos officiers vont sans escorte régler les affaires des tribus et les achats de chevaux et de denrées à plusieurs jours de marche de la capitale. Celle-ci a été méthodiquement organisée. Deux municipalités, l'une pour la ville musulmane, l'autre pour la ville juive, ont été constituées par voie d'élection. Dès maintenant, les notables se montrent empressés à améliorer la situation. Des recettes municipales sont perçues de façon à créer des ressources financières, et un service de contrôle en assure l'emploi honnête et régulier (1).

La décentralisation est indispensable, tant que la pacification ne sera pas complètement assurée et que les moyens de communication feront défaut. Les commandants de cercle ont besoin d'une grande liberté d'action et d'initiative. Ils centralisent tous les pouvoirs à l'intérieur de leur territoire. Les agents civils relèvent d'eux aussi bien que les agents militaires. Ce système se prête mieux qu'une organisation exclusivement militaire à la transition qui s'imposera du jour où, le Maroc étant pacifié et possédant des ressources étendues, on pourra substituer peu à peu l'administration civile au commandement militaire.

4° La mise en valeur et la question d'argent. Elles nécessiteront un gros effort financier en raison des frais que nous avons accumulés depuis dix ans faute d'avoir eu au Maroc une politique rationnelle. Ces questions n'étant pas de notre compétence, nous nous bornerons à conclure que le Gouvernement a donné sa pleine adhésion aux vues du général Lyautey.

Les régions marocaines déjà pacifiées ont reçu l'organisation suivante :

Maroc occidental, commandant : général de division Franchet d'Esperey.

Région de la Chaouïa : colonel Redier. Cercle de Bou-Rechid; cercle de Settat; annexe de Boroudj.

Région de Rabat : colonel Blondlat. Cercle des Zaers (camp Marchand); cercle des Zemmours (Maaziz); cercle des Beni-Hassen (Mehdya); cercle du Gharb (Arroub).

Région de Meknès : général Dalbiez. Cercle de Meknès; cercle

(1) Signalons la création d'une police municipale, le développement de l'assistance médicale, l'augmentation des dispensaires indigènes, le relèvement de l'enseignement, y compris celui du français.

des Beni-M'tir, colonel Henrys; cercle des Zemmours (camp lieutenant Bataille); annexe du fort Petitjean.

Région de Fez : général Gouraud. Cercle des Doukhala-Abda (Mazagan), lieutenant-colonel Peltier.

Région de Marakech : général Brulard. Cercle des Rehamna (Marakech); cercle des Haha-Chiadma (Mogador).

Maroc oriental : général de division Alix.

Territoire d'Oudjda : général Trumelet-Faber. Cercle des Beni-Snassen (Berkane).

Territoire de Taourit, général Girardot. Cercle de la Moulouïa; cercle de Debdou; cercle des Beni-Guil.

Région du sud : lieutenant-colonel Robert. Cercle du Haut-Guir.

A la date du 1er mars 1913 l'effectif des troupes entretenues par la France au Maroc s'élève à 62.153 hommes de l'armée de terre et 1.330 marins.

Les 62.153 hommes dépendant du ministère de la Guerre se répartissent ainsi :

Corps européens d'Algérie et Tunisie	20.285
Corps indigènes d'Algérie	14.956
Corps indigènes de Tunisie	4.968
Corps indigènes marocains	3.318
Armée coloniale	15.164 (1)
Unités prélevées sur les corps de l'intérieur	3.462

(1) Troupes blanches 7.708, troupes noires 7.456.

La décomposion de l'effectif au point de vue ethnique présente 31.457 européens et 30.698 arabes et soudanais.

TABLE DES MATIÈRES

NANCY-PARIS, IMPRIMERIE BERGER-LEVRAULT

CARTE DES CONFINS ALGÉRO-MAROCAINS

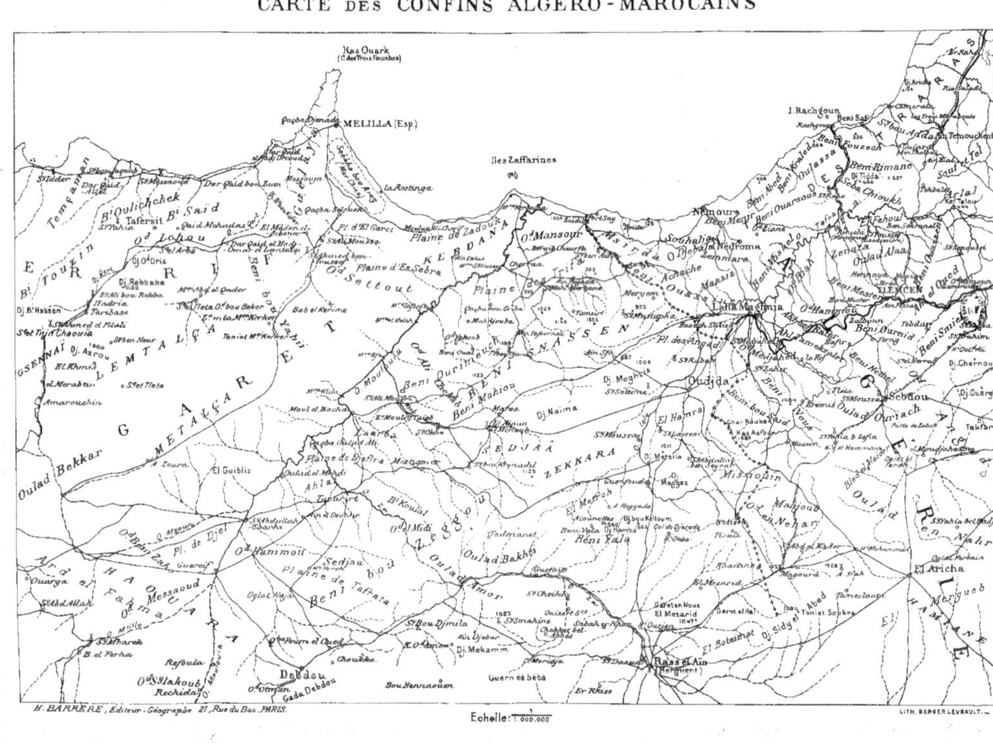

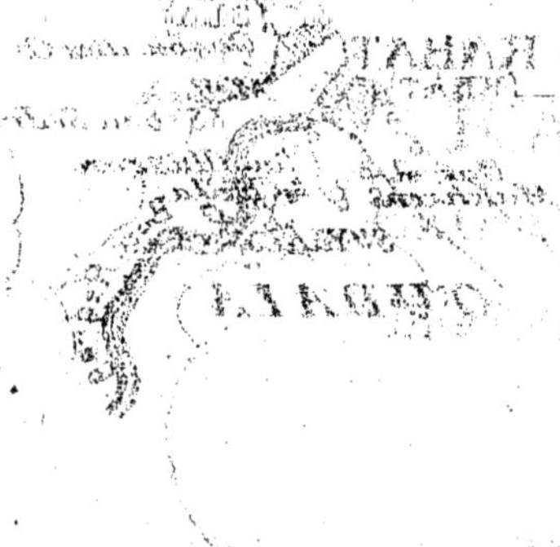

LIBRAIRIE MILITAIRE BERGER-LEVRAULT

PARIS, 5-7, RUE DES BEAUX-ARTS — RUE DES GLACIS, 18, NANCY

L'Aviation aux Armées et aux Colonies et autres questions militaires actuelles, par le général H. FREY, ancien commandant en chef du corps expéditionnaire français dans la marche sur Pékin en 1900. 1911. Un volume in-8 de 185 pages, broché. 3 fr. 50

Au Pays des Mirages, par René ROY. 1911. Un volume grand in-8, avec 8 planches en couleurs, 19 planches en noir hors texte et 22 illustrations dans le texte, d'après les peintures de l'auteur, broché. . . . . 7 fr. 50

Un Mois de Soleil (*Algérie et Tunisie*), par le commandant A. A***. 1908. Un volume grand in-8, avec 16 planches de photographies et une carte en couleurs, broché sous couverture illustrée. . . . . 6 fr.

Études algériennes. *L'Algérie politique et économique. A travers la province d'Oran. Lettres sur l'insurrection dans le Sud-Oranais,* par ARDOUIN-DUMAZET. Avec une préface de M. Ludovic DRAPEYRON, directeur de la *Revue de Géographie.* 1882. Un volume in-8 de 380 pages, broché . . . . 6 fr.

Le Transsaharien. *Son utilité, ses conditions d'établissement et d'exploitation,* par A. SOULEYRE. 1911. Un volume in-8, avec une carte, broché. . . . . 3 fr.

La Question du Transsaharien en 1910, par O. ROLLAND. Préface de Paul LEROY-BEAULIEU, membre de l'Institut. 1910. Un vol. in-8 de 74 pages, avec 1 planche, br. 2 fr.

Les Relations de l'Algérie avec l'Afrique centrale, par E. WATBLED, sous-archiviste du Sénat. 1879. Grand in-8, broché. . . . . 75 c.

Histoire de la Conquête du Soudan (1878-1889), par le lieutenant GATELET, du 14e chasseurs à cheval. 1901. Un volume in-8 de 531 pages, avec 13 croquis dans le texte et 16 cartes hors texte, broché. . . . . 10 fr.

Le Soudan français en 1888-1889. Rapport militaire du commandant supérieur, par le lieutenant-colonel ARCHINARD, de l'artillerie de la marine. 1890. In-8, avec une carte et une planche en phototypie, broché. . . . . 2 fr.

La Mission du génie au Soudan en 1891-1892, par le lieutenant-colonel du génie G. MARMIER. 1894. In-8, avec une carte, broché. . . . . 1 fr. 25

Mission au pays de Ségou (Soudan français). Campagne dans le Guéniékalary et le Sansanding en 1892. Extrait d'une relation du commandant BONNIER, avec un avertissement du général BORGNIS-DESBORDES. 1897. In-8, avec une carte in-folio en couleurs, broché. . . . . 2 fr. 50

Opérations de la colonne Joffre avant et après l'occupation de Tombouctou, par le lieutenant-colonel du génie J. JOFFRE. 1895. In-8, avec 3 planches hors texte. 2 fr.

L'Insurrection algérienne de 1871. *Étude sociale et religieuse,* par Alfred RAMBAUD, professeur à la Faculté des Lettres de Paris. 1891. Grand in-8, broché . . . . . 1 fr. 50

Algérie-Sahara-Soudan. — Vie, travaux, voyages de Mgr Hacquard, des Pères Blancs (1860-1901), *d'après sa correspondance,* par l'abbé MARIN, professeur à La Malgrange, docteur ès lettres, lauréat de l'Académie Française. Avec une préface du commandant HOURST. 1905. Un superbe volume grand in-8 de 666 pages, avec 213 photogravures, cartes et plans, broché . . . . 18 fr. — Relié en toile gaufrée or, tête rouge . . . . . 20 fr.

Vers la Victoire avec les Armées Bulgares, par le lieutenant H. WAGNER, de l'armée austro-hongroise, correspondant de guerre de la *Reichspost.* Traduit de l'allemand par le commandant MINART. Préface de M. GESCHOFF, président du Conseil des ministres de Bulgarie. 1913. Un volume in-8, avec 24 gravures et 4 cartes hors texte, broché . . . . 5 fr.

Au Feu avec les Turcs. *Journal d'opérations.* (*Campagne de Thrace, 12 octobre-14 novembre 1912*), par G. VON HOCHWÆCHTER, major dans l'armée ottomane, attaché à l'état-major de Mahmud-Muhktar-Pacha. Traduit de l'allemand par le commandant MINART. 1913. Un volume in-8, avec 4 cartes hors texte, broché . . . . 3 fr.

Le Problème méditerranéen. *Les points de vue anglais, allemand, italien, austro-hongrois, russe, français. Conclusion,* par Charles VELLAY, docteur ès lettres, rédacteur à la *Dépêche.* 1913. Un volume in-8, broché . . . . 1 fr. 25

NANCY-PARIS, IMPRIMERIE BERGER-LEVRAULT

www.ingramcontent.com/pod-product-compliance
Ingram Content Group UK Ltd.
Pitfield, Milton Keynes, MK11 3LW, UK
UKHW012214240726
13966UKWH00002B/751

9 782011 914590